# Orgasmo en 5 minutos

Tina Robbins

# Orgasmo en 5 minutos

## Mil y un caminos hacia la felicidad

OCEANO AMBAR

**Orgasmo en 5 minutos**


Cubierta: Enrique Iborra
Ilustraciones: Pere Virgili y Xavier Bou


GRUPO OCÉANO
Milanesat, 21-23 – 08017 Barcelona
Tel.: 93 280 20 20* – Fax: 93 203 17 91
www.oceano.com



ISBN: 84-7556-344-9

Impreso en U.S.A. - *Printed in U.S.A.*

# Índice

# Introducción

El orgasmo femenino es la cosa más sencilla y natural del mundo; sin embargo, muchas veces complicamos esta cuestión hasta el absurdo, como si se tratara de algo misterioso, intrincado o que necesitara de conocimientos especiales.

¿Alguna vez has oído de un hombre que tenga problemas para llegar al orgasmo? No me estoy refiriendo a personas con algún problema físico de importancia. Hablo de la gente normal y corriente, como tú y como yo, que aspira a tener relaciones con alguien del sexo opuesto y disfrutar de ellas. En el caso de los hombres, más bien estamos acostumbradas a escuchar que su problema es que llegan al orgasmo «demasiado rápido», como si estuvieran participando en una carrera de velocidad.

¿Por qué con las mujeres tendría que ser distinto? La idea de que los hombres van en un Ferrari y nosotras en bicicleta cuando se trata de llegar al orgasmo es completamente falsa. La atracción sexual es quizá el motor más poderoso de la vida, y la naturaleza, siempre sabia, ha dispuesto que los sexos se atraigan para garantizar la continuidad de la especie. Se atraen porque su instinto les dice que van a disfrutar con la unión sexual, es decir, que van a tener un orgasmo. Esto sucede en todas las especies animales y nadie tiene dudas al respecto. Tampoco parece que, entre los humanos, los hombres tengan el menor problema en este sentido. ¿Qué pasa entonces con las mujeres? ¿Por qué habríamos de tener dificultades? ¿Hay algo en nuestros cuerpos que nos hace más difícil llegar al clímax sexual? La respuesta es No. Todas las mujeres pueden tener un orgasmo cada vez que hacen el amor. Y pueden llegar a él bastante rápido... si les interesa.

Las barreras que nos separan del orgasmo son prejuicios heredados de una sociedad machista, donde durante siglos el placer femenino fue contemplado con recelo, cuando no con desaprobación. Afortunadamente, en el mundo actual, estos prejuicios están en claro retroceso, y las mujeres podemos reivindicar sin tapujos el derecho a gozar de nuestro cuerpo. Algo de información y un poco de práctica son todo lo que necesitas para disfrutar del orgasmo cada vez que haces el amor. No importa si eres soltera o casada, divorciada o viuda, si has tenido ya experiencias sexuales o no, si eres tímida o lanzada, alcanzar al clímax será para ti algo tan natural como comer si tienes hambre o beber si tienes sed.

En este libro encontrarás toda la información que necesitas, junto con ejercicios, trucos y técnicas para disfrutar del sexo y hacer disfrutar a tu pareja. ¡Deja atrás tus miedos y tus dudas! Y atrévete a conocer los mil y un caminos que llevan al orgasmo... y también a la felicidad.

---

*¿...«En cinco minutos?»* Es probable que el título del libro (pensado para llamar la atención) haya despertado tu escepticismo. Por un lado, cuando algo nos gusta, nos gusta que dure mucho más que cinco minutos. Por el otro, parecería un contrasentido que publiquemos libros de *Tantra* (práctica sexual extática que incluye orgasmos sin eyaculación, y que suele durar bastantes horas) junto a éste que tienes en tus manos.

Lo cierto es que no es tan sencillo incorporar el Tantra (que en Oriente es algo sagrado y una forma de meditación) en la vida cotidiana de cada uno. No es tan fácil sintonizar con personas afines, que gocen de la misma disponibilidad de tiempo y que compartan el estado de ánimo adecuado que nos permita vivir la experiencia tántrica *de forma habitual*. Así que las recomendaciones de este libro, aunque puedan parecer más modestas, creemos que serán de utilidad para todo el mundo y no pretenden descartar tan noble Camino. Y tened presente, junto con el poeta, que, tanto de una como de otra forma, «para los que aman, el tiempo es eternidad». ¡Disfrutadlo!

# ¿Cómo son mis órganos sexuales? ¿Qué es un orgasmo?

*«Cuando hablo con mis amigas sobre mis experiencias sexuales, y les comento que no siempre consigo llegar al orgasmo porque éste parece depender de la habilidad de mi compañero, siempre insisten en la importancia del clítoris. Dicen que ahí es donde está el secreto, pues resulta muy placentero que te lo acaricien... Y a mí me da vergüenza reconocer ante ellas que no sé dónde está.»*

***Julia**, 24 años*

El primer paso para llegar a tener orgasmos con facilidad y rapidez es conocer tu cuerpo. Está más que demostrado que el orgasmo femenino se produce por la estimulación directa o indirecta del clítoris, así como el masculino llega por la estimulación de una determinada zona en la parte inferior del glande. Por eso, no es extraño que algunas mujeres tengan dificultades para llegar al orgasmo solamente con la penetración: el pene no llega a rozar el clítoris, y así es francamente difícil. Imagina lo que sería para un hombre llegar al orgasmo solamente acariciándole los testículos. O bien no lo conseguiría nunca, o bien tardaría muchísimo en lograrlo. Esa es la cuestión. No existe tal lentitud, lo que ocurre es que, por ignorancia, muchas veces no se estimula la zona correcta y por eso el orgasmo tarda en llegar.

Conocer tu vagina, la ubicación exacta del clítoris, de la uretra, la disposición de los labios internos y externos, te ayudará muchísimo a conseguir tus propósitos.

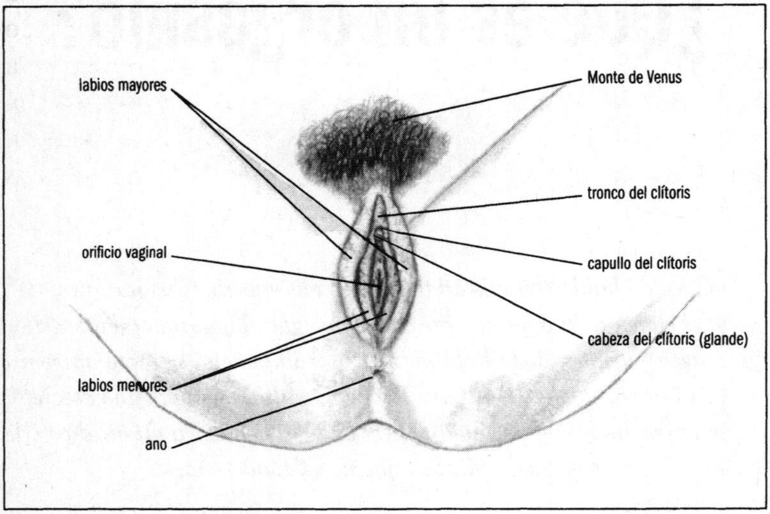


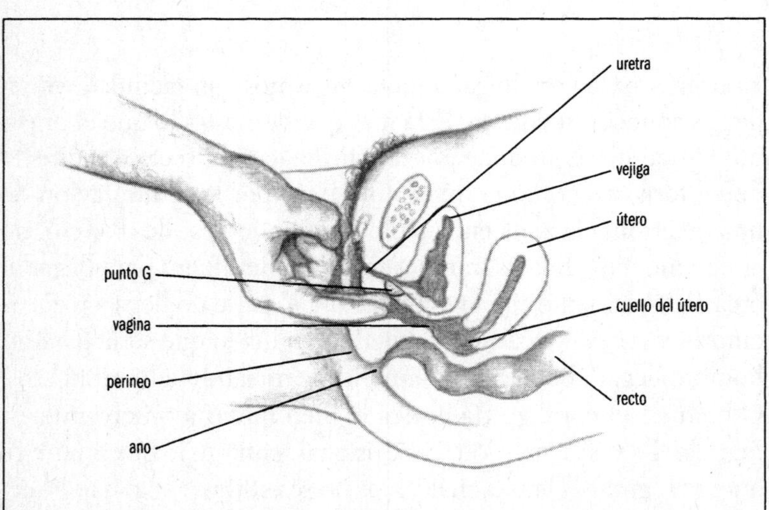

## Fases del orgasmo

A partir de ese conocimiento puedes empezar a explorar tu propio cuerpo para descubrir cuáles son las formas de estimulación, las posturas y las caricias que te resultan más excitantes. La mayoría de las mujeres conseguimos nuestro primer orgasmo estando solas, cuando de una manera relajada y tranquila comenzamos a explorarnos la zona genital. Más adelante te daremos instrucciones precisas sobre cómo debes hacerlo. Primero, y para seguir con esta breve lección de fisiología, vamos a describir las fases por las que pasa tu cuerpo cuando tienes un orgasmo:

1. **Excitación.** Después de un rato de besos y caricias con tu pareja, habrás notado que una sensación como de vacío se apodera de tu cuerpo. Se trata del comienzo del ciclo sexual, llamado «despertar». El corazón empieza a bombear un poco más deprisa, los pechos parecen hincharse y los pezones se ponen duros; la sangre acude en mayor cantidad hacia la pelvis, el útero se contrae, los labios de la vagina se hinchan ligeramente, y comienzas a segregar fluidos lubricantes.

2. **Meseta.** Esta fase es mucho menos perceptible porque casi todo sucede dentro de tu cuerpo. La vagina aumenta de tamaño, los labios menores se oscurecen y se abren ligeramente, el útero se desplaza hacia arriba: tu cuerpo se preparara para recibir el esperma. Al mismo tiempo sentirás como si la sangre galopara por tus venas.

3. **Clímax.** La sangre afluye al pecho que se agranda aún más. La respiración se hace más rápida y agitada, hasta el punto de que puede escaparse algún gemido. ¡El gran momento ha llegado! El clítoris se pone erecto y cualquier roce puede resultar un poco molesto. Los labios se hinchan. Los músculos de la vagina se contraen entre tres y siete veces de manera espasmódica, como en una especie de descarga eléctrica, que produce una

intensa sensación de placer. El ano se contrae, y la velocidad e intensidad de los latidos del corazón y de la respiración se intensifican.

4. **Resolución.** En esta última etapa del ciclo, el cuerpo recupera la normalidad. La sangre se retira de la pelvis, los pechos recuperan su tamaño habitual, y el sentimiento general es de satisfacción y plenitud. El ritmo cardíaco baja, el útero desciende y la vagina recupera su forma y tamaño normal. El aumento de la presión sanguínea en las etapas anteriores hará asomar en tus mejillas un atractivo color rosado.

Quizá la mejor manera de llegar a conocer bien tus órganos sexuales, cómo están dispuestas las diferentes partes, y cuál es la forma de estimulación que te resulta más fácil y agradable, sea utilizando el sentido del tacto. El tacto desempeña un papel fundamental en el disfrute de las sensaciones sexuales. Si llegas a familiarizarte con tus genitales mediante el tacto, te resultará mucho más fácil dirigir sutilmente las caricias de otra persona hacia donde realmente te producen placer. Te vamos a proponer unos ejercicios muy sencillos para que explores por ti misma tu zona genital hasta que llegues a familiarizarte con ella. No se trata, en este libro, de exponer complicadas denominaciones técnicas de los órganos sexuales, sino de mostrarte de una forma sencilla y práctica la manera de que tú misma descubras cómo es tu cuerpo para que aprendas a disfrutar de él. La práctica de este ejercicio puede resultarte de una enorme utilidad para llegar a conseguir ese orgasmo intenso que deseas:

## Ejercicios de exploración corporal

- **Túmbate cómodamente** en un lugar donde estés a salvo de las miradas ajenas. Flexiona las rodillas y abre un poco las piernas.

- **Empieza por explorar lentamente todas las partes de tu cuerpo:** los brazos, los pechos, el vientre, la cara interna de los muslos. Tócate de diversas maneras: utiliza las yemas de los dedos, las palmas de las manos, quizá las muñecas.

- **Cambia de posición** siempre que te apetezca y familiarízate con las redondeces y los ángulos, con las partes duras y blandas de tu cuerpo.

- **Explora con suavidad** el vello púbico, los labios mayores o externos de tu vagina, así como la zona muscular del perineo que está entre la vagina y el ano.

- **Mueve las puntas de los dedos** sobre los labios internos o menores, localiza la uretra, y continúa hacia arriba hasta localizar el clítoris.

- **Explora el clítoris** con detenimiento. Comprueba si puedes notarlo a través de la capucha que lo cubre. Retira la capucha y tócatelo suavemente.

- **Pasea tus dedos** por la parte exterior del orificio vaginal, e introduce uno o dos delicadamente en el interior hasta que notes su húmeda calidez.

- **Introduce un poco más los dedos** hasta que localices el «punto G», situado a dos o tres centímetros en la pared anterior del interior de la vagina. Lo notarás porque se trata de una pequeña protuberancia, que resulta particularmente sensible.

- Para terminar con el ejercicio, vuelve a explorar otras zonas de tu cuerpo, **respira profundamente...** y acércate al frigorífico para tomarte algo que te apetezca especialmente, un zumo de tomate o un yogur, por ejemplo.

Practica este ejercicio varias veces, hasta que sientas que «conoces» tu cuerpo, que sabes dónde está cada cosa y qué textura tiene. Ya verás cómo te resultará muy útil para los siguientes pasos que te iremos proponiendo hasta llegar al orgasmo.

La sexualidad es un fenómeno complejo en el que intervienen multitud de factores. La educación, la cultura, la religión, las convenciones sociales, los sentimientos, las pasiones... un cúmulo de cosas externas que determinan en gran medida el tipo de relación que las personas, especialmente las mujeres, tenemos con el sexo. En este libro irás encontrando respuestas y pautas de comportamiento que te ayudarán a liberarte de los prejuicios impuestos desde el exterior, y te acercarán a tu sexualidad de una manera más natural, más sencilla, y ¡más placentera!

Cuando las sensaciones sexuales empiezan a actuar en tu cuerpo, ya sea en solitario o en compañía de tu pareja, entran en juego una seria de músculos, de órganos, de partes del cuerpo, que es importante conocer y, hasta cierto punto, controlar, para que las cosas discurran de la manera que tú deseas.

## Ejercicios para incrementar el control de la sexualidad

Ahora, unos sencillos ejercicios para que aprendas a identificar y sentir algunos aspectos de tu cuerpo que resultan esenciales al practicar el sexo: la respiración, el pecho, la pelvis y la vagina:

**Aspirar y espirar.** El ritmo de la respiración varía según el estado emocional. En todo el juego sexual previo al orgasmo, la respiración se va adaptando a cada una de las fases por las que pasa tu cuerpo: excitación, meseta, clímax y resolución. Es importante que la respiración funcione de manera fluida durante todo el proceso porque puede suceder que la excitación no llegue a su punto culminante precisamente porque el ritmo respiratorio no es el adecuado. Procura que al principio la respiración sea profunda y equilibrada para que el cuerpo se relaje. Mantén la boca un poco abierta, y al aspirar permite que los pulmones y el estómago se hinchen un poco. Asegúrate siempre de no aguantar la respiración, porque eso puede producir una tensión que es muy contraproducente para el pleno disfrute de las sensaciones físicas.

**Ejercicios pectorales.** ¿Te gusta acariciarte los pechos?, ¿notas al hacerlo que la circulación de la sangre se acelera y un ligero cosquilleo aparece en tu zona genital? ¡Claro que sí! La relajación en esta parte del cuerpo es esencial para el disfrute sexual. Túmbate boca arriba y aspira profundamente. Levanta los brazos y llévalos sobre la cabeza formando un arco. Al expulsar el aire, vuelve a bajar los brazos. Repítelo cinco veces. Luego lo haces al revés: elevas los brazos al expulsar el aire y los bajas al aspirarlo. Otras cinco veces. ¿Sientes un ligero cosquilleo en los brazos y en el rostro? Disfruta esa sensación porque es un hormigueo parecido al que se siente después de tener un orgasmo

**Balanceo y saltos de pelvis.** Los movimientos de este ejercicio son similares a los de la penetración y la masturbación. Túmbate boca arriba con las rodillas dobladas y los pies en contacto con el colchón o la alfombra. Levanta las caderas y mueve la pelvis hacia arriba y hacia abajo. Para elevar el cuerpo, apoya las manos si te resulta más fácil.

**Ejercicios vaginales.** ¿Sientes los músculos de tu vagina? ¿Sabes que son importantes para el sexo? Los músculos vaginales deben ser ejercitados exactamente igual que los del resto del cuerpo. Se ha demostrado que al aumentar la fuerza de estos músculos, se incrementa la disposición y facilidad para llegar al orgasmo y se consigue que éste sea más intenso. Primero porque aumenta el riego sanguíneo en esa zona del cuerpo y segundo porque se consigue un mayor poder de concentración en los genitales, lo que favorece el orgasmo.

En principio se trata de músculos que una «no siente», como tampoco siente los del estómago o los del intestino. Sin embargo, con un poco de práctica llegarás a sentirlos y a controlarlos, ¿imaginas el placer que puedes sentir cuando notes de verdad que los músculos de tu vagina rodean y presionan el pene de tu compañero? Se trata simplemente de que focalices tu mente en la vagina y trates de contraer y relajar los músculos de esa zona. Es un movimiento similar al que realizamos para contener la orina cuando no disponemos de un baño cerca. Al principio puedes contraerlos y contar hasta tres, para luego relajarlos. No te preocupes si las primeras veces no notas nada, con un poco de práctica notarás los músculos, sentirás como se contraen y se relajan y llegarás a controlarlos con facilidad.

Sólo al principio necesitarás un poco de concentración extra. Después todo será coser y cantar y podrás practicar en cualquier lugar porque nadie se dará cuenta. Tumbada, de pie, sentada o recostada. En el autobús, en el trabajo, apoyada en la barra de un bar: sólo tú serás consciente de que estás contrayendo y relajando los músculos de tu vagina y preparándote así para disfrutar del sexo plenamente... cuando llegue el momento.

# El sexo empieza en la mente

*«¡Las mujeres que tienen confianza en sí mismas son tan sexys!*
*No soporto a las mujeres que odian su cuerpo,*
*o sólo hablan de sus defectos, o se quejan continuamente.*
*Si soy sincero sólo me fijo en las mujeres que se muestran como son.*
*Una mujer que se gusta a sí misma siempre es atractiva.»*

***Jaime**, 38 años*

Hay quien dice que la verdadera actividad sexual sucede en la mente... y que lo demás es pura gimnasia. No estoy muy segura de que eso sea cierto. Ya hemos visto como otras partes del cuerpo responden ante el sexo con un comportamiento muy preciso. Sin embargo, ¿te sientes capaz de dejarte ir? ¿Tiemblas ante la idea de abandonarte por completo? ¿Eres de esas personas que no pueden «perder el control» ni por un minuto? Para tener un orgasmo es imprescindible dejarse ir, abandonarse y perder el control. También es necesario dejar a un lado la tensión. Pero para algunas de nosotras eso resulta difícil. Si ése es tu caso, no te preocupes. Simplemente eres normal. ¿Cuántas veces hemos oído desde pequeñas que las niñas no se tocan, o no deben enseñar las piernas? ¿Cuántas veces nos han dicho que hay que tener cuidado con los chicos, que sólo buscan «eso»? Todo lo que nos han inculcado durante generaciones acerca del sexo está muy impreso en nuestra mente, y no resulta fácil actuar con naturalidad si tenemos el cerebro lleno de toda esa ¡basura!

En este capítulo, te diré lo que has de hacer para verte a ti misma como un ser sexual, que siente y desea disfrutar del sexo. Que quiere tener orgasmos y gozar de su cuerpo. Porque es natural, porque es sano, porque *te lo mereces*.

Para tener un orgasmo, una debe pensar en sí misma como una persona orgásmica. Para resultar atractiva, una tiene que sentirse atractiva. ¿Conoces a alguien, hombre o mujer, que se encuentre atractivo *siempre*? ¿Y lo soportas? ¿Su arrogancia no te resulta insufrible? Lo normal es que te sientas atractiva a veces y otras te desilusione tu imagen ante el espejo; que te guste tu pelo, o tu cintura, o tu pecho, pero no cada una de las partes de tu cuerpo. Nadie puede pretender sentirse siempre como una miss universo. Lo importante es que te sientas una persona sexual, que atrae y es atraída por personas del otro sexo, y que aceptes este hecho como algo lógico, natural y positivo. No importa cómo te hayan educado. No es el momento de recriminar a tus padres o tus educadores las ideas que te inculcaron. Es el momento de actuar. Eres una persona adulta. Eres libre. Puedes decidir. ¿Quieres disfrutar del sexo? ¿Quieres tener orgasmos sola o en compañía? ¿Estás dispuesta a aceptar que los pensamientos «sucios» no existen con relación al sexo? Si ésa es tu decisión, ¡adelante! La lectura de este libro te ayudará a conseguir tus propósitos.

El primer paso, y el más importante, es tomar la decisión. Con rotundidad. ¡Quiero tener orgasmos! ¡Quiero disfrutar del sexo! ¡El sexo es algo limpio, natural y bueno para mi cuerpo y para mi mente! ¡Yo *me merezco* disfrutar, me merezco los orgasmos, me merezco el placer! Si esa decisión no es firme, si continúas dándole vueltas a la idea de que el sexo es sucio, o malo, o inapropiado para las mujeres, tu cuerpo expresará ese miedo, esa indecisión, esa barrera... y los demás lo notarán.

¡Pero ése no es tu caso! ¡Has decidido ser una persona sexual y disfrutar de tu cuerpo cada vez que te apetezca! ¡Bravo, ése es el camino! Continúa leyendo y no te quepa la menor duda de que lo conseguirás.

## Creencias erróneas

Algunas de las ideas que siguen las habrás oído muchas veces en conversaciones con amigas o en comentarios que hace la gente en el trabajo. Forman parte de la enorme cantidad de prejuicios que rodean todo lo que se relaciona con la sexualidad femenina. ¡Atenta! Ninguna de ellas tiene nada que ver con la realidad. Responden a una concepción antigua y caduca del sexo y de la mujer. Tú has decidido ser una persona sexual y quieres tener orgasmos con facilidad. No te vendrá mal recordar algunas de las ideas más frecuentes que suelen repetirse por ignorancia, para poder hacer oídos sordos la próxima vez que alguien las pronuncie:

**El sexo es para las menores de treinta años.** Si tienes menos de esa edad, esto no te afecta, pero si tienes más... ¡olvídate de semejante estupidez! Está más que demostrado que la capacidad de respuesta sexual de la mujer aumenta con la edad. Con treinta y tantos estás en el mejor momento, en el punto culminante de tu capacidad. Después... ¡también! Sólo la enfermedad es capaz de conseguir que el interés y la actividad sexual decaigan de manera notable.

**Una mujer decente no se excita con artículos eróticos.** ¿Te imaginas a Brad Pitt acariciándote con ternura? Yo me considero de lo más «decente» y te confieso que a mí me pone a cien. ¿Los hombres «decentes» no se excitan con su actriz favorita o con una película erótica? La excitación con las fantasías, las imágenes o las lecturas eróticas no tiene absolutamente nada que ver ni con la decencia ni con el género. Todos los seres humanos se excitan ante determinadas imágenes. Pero una vez más, el grado de excitación ante estos estímulos depende más del carácter de cada persona.

## **Las mujeres «femeninas»** no toman la iniciativa durante el acto sexual

¿Pero existen mujeres «masculinas»? Las mujeres, *todas* las mujeres, tienen deseos e impulsos espontáneos en la actividad sexual y toman la iniciativa sexual si les apetece. Se trata más bien de una cuestión de carácter y personalidad que es aplicable tanto a las mujeres como a los hombres. Si te gusta llevar la iniciativa, no lo dudes ni un instante. La idea de que los hombres prefieren a las mujeres «pasivas» no es más que otro prejuicio. Pero no te obsesiones con la idea de la iniciativa. Simplemente actúa de acuerdo con tu carácter.

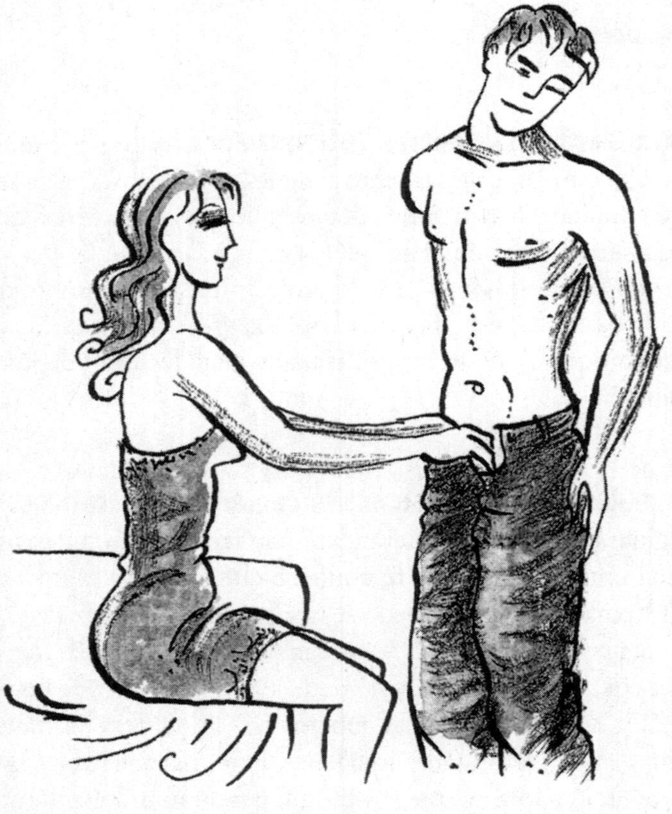

**Si a una mujer no le gustan determinadas formas de sexo, es frígida.** ¡Por favor! Si no te gusta el intercambio de parejas, el sexo oral o anal, o las orgías en grupo, simplemente eres como millones de mujeres en todo el mundo. El sexo es algo muy personal y no a todas nos gustan las mismas cosas. Disfruta con lo que te gusta y olvídate de lo demás.

**La mujer que tiene fantasías eróticas es lasciva, la que no las tiene es frígida.** La imaginación, afortunadamente, es libre y además gratis. Cada una puede tener las fantasías eróticas que se le antojen. Forman parte de esa parcela de tu intimidad que es absolutamente inviolable, y no tienen nada que ver ni con la moralidad, ni con la capacidad de respuesta sexual de cada una. Si determinada fantasía te ayuda a tener un orgasmo más intenso ¡no te prives! A tu pareja le importa mucho más verte disfrutar que averiguar en qué estás pensando. Y si se muestra demasiado curioso ¡Miéntele! Nadie tiene derecho, ni siquiera él, a penetrar en tus pensamientos más íntimos

**Existen diferentes tipos de orgasmos. Los vaginales son más femeninos que los clitorianos.** Un orgasmo es un orgasmo. Las maneras de describirlo varían porque, como dicen los poetas, es difícil expresar lo inefable. Pero la sensación de intenso placer, las contracciones incontroladas del útero, la sensación de plenitud... son lo que son. Si llegas al orgasmo acariciándote el clítoris mientras te duchas, eres tan femenina como Lady Di y además sabes cómo disfrutar de tu cuerpo.

## ¿Te encuentras atractiva?

*«Nunca había accedido a mantener relaciones sexuales ante un espejo porque lo único que veía en él era mi fofo y enorme culo. Pero un día*

*mi pareja empezó a decirme que mi piel era dulce, suave y deseable. Desde entonces, mi atención se centra en este aspecto de mi cuerpo, y el espejo me devuelve una imagen mucho más atractiva de mí misma.»*

***Susana**, 29 años*

Ya has decidido ser una persona sexual. Ahora tienes que hacer algo para convencerte de que tu capacidad de respuesta y tu atractivo sexual están a un nivel más que razonable. Quizá has tenido la experiencia suficiente como para que este asunto no represente un problema para ti. En ese caso ¡tanto mejor! Pero también puede que tu confianza en este aspecto de ti misma flaquee más de la cuenta. Es posible que cuando te miras desnuda en el espejo no veas más que unos pechos demasiado grandes, o demasiado pequeños, o la celulitis de los muslos, o los huesos de las caderas, y eso te haga sentir poco atractiva y poco deseable. Una vez leí en un libro de autoayuda que la solución consistía en que me repitiera a mí misma ante ese mismo espejo: «soy atractiva, soy atractiva, soy atractiva». El resultado fue el mismo que cuando estuve durante semanas repitiéndome «soy rica, soy rica, soy rica»: de todos modos tuve que hacer malabarismos para llegar a fin de mes. Un día un amigo me dijo que una mujer desnuda es *siempre atractiva* para un hombre, porque cuando estás en la cama con un amante, éste no está evaluando el grado de celulitis de tus nalgas o tus estrías; lo que ve, y lo que piensa, es «pechos, culo, carne, ¡qué rico!». Está mirando tu cuerpo desnudo y pensando en el sexo, y en ese momento no le preocupan demasiado ni los pechos pequeños o grandes, ni los huesos de las caderas.

Más tarde pude comprobar con la experiencia que lo que mi amigo me decía era absolutamente cierto: a los hombres, en esos momentos, lo que les gusta realmente es una mujer desnuda. Si tú estás desnuda frente a él y con ganas de sexo, te sentirás realmente atractiva y deseable. Y si no es así, más vale que lo abandones. Si todo lo que pretende es que te sientas agradecida porque alguien como él está contigo, quiere decir que se trata de alguien que no te merece, y no vale la pena que emplees en él ni tu tiempo, ni tu energía, ni tu atractivo.

Pero las cuestiones que más suelen afectar a la confianza sexual de las mujeres tienen que ver con los sentimientos de culpa y de miedo. La educación que hemos recibido es tan rigurosa, cerrada y machista en este sentido, que no es fácil para una mujer liberarse de tantos prejuicios e ideas preconcebidas como le han inculcado no solo durante su vida, sino durante generaciones y generaciones. ¿Qué hacer cuando una se siente atenazada por el sentimiento de culpabilidad ante el mero hecho de sentir deseo sexual? ¿Cómo combatir ese insoportable sentimiento de culpa que nos embarga después de una relación sexual espontánea?

Si el origen de todas esas inhibiciones es alguna experiencia desafortunada en la niñez o la primera adolescencia, lo único que te puedo aconsejar es que recurras a la ayuda de un sexólogo. Pero si todas esas ideas castrantes no son más que un producto de la educación que has recibido, o de lo que te inculcaron de pequeña, o de los comentarios de tus amigas, mi consejo es sencillamente que practiques más el sexo. Hay un dicho popular que dice: «Al catarro con el jarro»; en este caso podríamos cambiarlo por algo como: «El miedo al sexo se cura con más sexo». Es posible que necesites al principio un cierto apoyo sentimental. Si ése es tu caso, lo ideal es que practiques todo el sexo que puedas dentro de una relación afectiva más o menos estable.

Ve dando pasos gradualmente con tu pareja, experimenta nuevas posturas, practica los ejercicios de masturbación que encontrarás en este libro, incrementa tu control sobre los músculos vaginales, conoce tu cuerpo cada vez más, averigua lo que te gusta y lo que no. Te lo mereces como mujer, y el resultado que alcanzarás, sin duda merece la pena.

## ¡Eres atractiva!

La mejor manera, y quizá la única, de que llegues a ser realmente una mujer atractiva y sexy es que vivas como si lo fueras. No importa la edad que tengas, ni el estado civil, ni si tienes éxito o no con el sexo opuesto. Lo cierto es que todas, y todos, queremos gustar a los demás. Incluso a las personas con las que no nos sentimos a gusto. Si quieres convertirte en una mujer atractiva y deseable, no tienes otra opción que actuar como si ya lo hubieras conseguido. Estoy segura de que en gran medida ya lo eres, pero si todavía no estás muy convencida, trata de imaginar cómo actuaría una mujer atractiva, y compórtate como ella lo haría.

La cuestión es actuar. No quedarse en la melancólica idea de «si yo fuera como fulanita...». ¡Tú eres igual o mejor que fulanita! Simplemente actúa de la manera adecuada. Si te parece que determinado corte de pelo o tal o cual color de uñas es muy atractivo, ¡corre a la peluquería! Si consideras que la falda un poco más corta realzaría tus rodillas, ¡coge las tijeras inmediatamente! Imagínate una fiesta en la que una chica está sentada en un rincón, con gesto huraño, cruzada de brazos y de piernas y mirando al suelo, mientras que otra, se apoya delicadamente en el quicio de una puerta con las piernas ligeramente abiertas, mira con interés lo que le rodea y sonríe un poquito ante las miradas de los demás. ¿Cuál de las dos te parece más atractiva, más sexy, más interesante? La respuesta es clara, ¿no te parece? Entonces, ¿qué haces sentada en el rincón? Levántate, sonríe, no te cruces de brazos. Si actúas de una determinada manera, algo en tu cerebro cambiará y te convertirás, de verdad, en una persona diferente. No basta con que te repitas a ti misma que eres atractiva, eso puede ayudar... pero no demasiado. Si realmente quieres ser atractiva, sexy, interesante, sexualmente capaz y confiada, tienes que actuar como si lo fueras. Los resultados te sorprenderán. Porque lo cierto es que todas somos atractivas, interesantes y sexys, lo que ocurre es que las inhibiciones, miedos, sentimientos de culpa y otras lindezas por el estilo nos bloquean mucho más de lo que pensamos. Actúa como si ninguna de esas barreras existieran para ti, y en muy poco tiempo comprobarás cómo los hombres comienzan a mariposear a tu alrededor y te conviertes en una mujer irresistible.

*«La risa es de las cosas más sexys que conozco.*
*Vi a mi actual compañera en un bar riéndose a carcajadas.*
*¡Parecía tan feliz, transmitía una sensación de libertad tan grande!*
*Inmediatamente me dije que tenía que conocerla.»*

***Pablo**, 34 años*

## Cuida los detalles... y coquetea

Ya te has decidido a actuar como una mujer sexy y atractiva, y estás dispuesta a no flaquear en el intento. No te dejes atrás ni un solo detalle. El pelo puede ser un poderoso punto de atracción, siempre que esté limpio y suave, las pestañas negras y cuidadas, las uñas del color que más te guste, o de ninguno, la ropa, los zapatos, el bolso, el cinturón, todo juega su papel, y todo debe ser tenido en cuenta. Esto no significa que te pases tres horas diarias ante el espejo antes de salir a la calle. Nunca debes caer en la exageración o el amaneramiento. Se trata simplemente de cuidar los detalles de tu aspecto, pero de una manera natural y hasta cierto punto «despreocupada». No olvides que la primera impresión es la que cuenta, y que nunca se debe exagerar. Mirar a los ojos de los demás, pero sin insistencia, sonreír, no cruzar los brazos de manera ostensible.... con naturalidad y confianza, como alguien que sabe lo que vale y está dispuesta a compartirlo... con quien merezca la pena.

Tanto si estás casada o tienes pareja estable, como si eres soltera y sin compromiso, el cuidado de ti misma, tanto de la indumentaria como de la actitud ante los demás, es de gran importancia. En ambos casos, actuar con confianza en ti misma, en tu propio atractivo y en tu forma de ser, no hará más que incrementar la calidad de tu vida sexual, si ya la tienes habitualmente, o abrirte más puertas de las que puedas imaginar si aún no tienes pareja. Coquetear es esencial en la vida de una mujer. Pero coquetear no significa mirar directamente a los ojos al primero que pase y proponerle una cita. Se trata de mantener una actitud abierta, cálida y amable con la gente que nos rodea. La mirada juega un papel fundamental en cualquier técnica de coqueteo. Mira a tu interlocutor a la cara. No directamente a los ojos porque podrías intimidarlo. Como si fueras un pintor, recorre suavemente con la mirada el triángulo que se forma entre los extremos exteriores de las cejas y la barbilla de tu interlocutor. Sin insistencia, con dulzura. Si eres muy tímida no te costará demasiado trabajo porque no tienes que mantener la mirada del otro, simplemente recorre ese espacio mágico que los expertos denominan «el triángulo de la seducción». Siempre darás la impresión de estar muy interesada no sólo en lo que te están diciendo sino en «quién» te lo está diciendo.

La gente necesita sentirse valorada, escuchada, apreciada. De esa manera tan sencilla y sutil, lograrás crear un clima de confianza y atracción con la persona que esté contigo. Da lo mismo que sea tu pareja, el portero de tu oficina, o el viejito con el que te cruzas en la plaza cuando vas a comprar el pan. Se trata de mantener esa actitud, de hacerla tuya, de que se convierta en parte de ti. Si te habitúas a hacerlo así, verás que algo cambia en tu interior, y que los demás, y no sólo los hombres, lo notarán.

## Coqueteo y orgasmo

Probablemente te estarás preguntando qué tiene todo esto que ver con el orgasmo. Llevar una falda más corta o más larga, determinado corte de pelo, o mantener una actitud abierta y cálida hacia los demás ¿puede ayudar a que tengas un orgasmo? La respuesta rotunda es ¡SÍ! La desconfianza en ti misma, la obsesión con tus aparentes defectos corporales, un lenguaje corporal obstaculizador, el pensar que no tienes atractivo, que no eres sexy: todo ello son trampas de tu propia mente que, aunque en principio no te lo parezca, suponen obstáculos, a veces infranqueables, para conseguir ese orgasmo profundo e intenso que deseas.

El placer del sexo, como el de la vida, está hecho para personas convencidas de que se lo merecen. El cuidado y la atención con los detalles de tu apariencia, una actitud abierta y cálida ante los demás, un lenguaje corporal sincero y confiado, son señales claras de una persona que sabe apreciar lo que vale, que se sabe atractiva y capaz de gozar con lo que la vida le ofrece. Y por supuesto que quiere y sabe disfrutar del sexo.

Ya conoces tu cuerpo con detalle y tienes una actitud mental apropiada para lanzarte a la aventura del sexo. Sigue leyendo, y encontrarás todos los secretos y las claves para encontrar la satisfacción plena que buscas.

# La masturbación

*«La sensación de placer que me producen los orgasmos varían según esté sola o con un hombre. Cuando estoy sola, me concentro en estimularme el clítoris, y el orgasmo llega mucho más rápido y es de una especial intensidad. Trato de imaginar la fantasía que en ese momento me resulte más excitante y conforme me acaricio el clítoris, cada vez con más fuerza, siento que el orgasmo va a llegar. Mi cuerpo se tensa, la respiración casi se para por momentos, la velocidad de las caricias es cada vez mayor, a veces casi salvaje, y de pronto ¡uauh! Un espasmo rápido e intenso parte de los genitales y me recorre todo el cuerpo. Después siento una profunda relajación.»*

***Marta**, 27 años*

*«Yo nunca me había tocado. Por lo menos no de manera consciente. Pensaba que era algo muy difícil. No es que lo viera como un 'pecado', pero sí que lo encontraba algo incorrecto. Afortunadamente, superé mis inhibiciones, y me di cuenta de que antes nunca había tenido un orgasmo. Ahora sé lo que necesito, y lo que un orgasmo significa. También sé lo que tengo que hacer para conseguirlo tanto si estoy sola como si estoy con mi pareja.»*

***Ana**, 35 años*

A muchas mujeres nos cuesta admitir que nos masturbamos. Estamos acostumbradas a escuchar que la masturbación «es cosa de hombres» o que las mujeres no pueden masturbarse porque no tienen un pene que acariciarse, o que es una práctica «sucia» o cuando menos «inapropiada para el sexo femenino». ¡Pamplinas! La mejor manera de convencerte de que la masturbación es algo agradable, placentero e incluso bueno para la salud, es ponerla en práctica. En este capítulo te voy a enseñar a masturbarte, si es que no sabías hacerlo, o a mejorar tu técnica si ya la practicabas desde hace tiempo.

Los beneficios de la masturbación para que llegues a ser tú la que controle la velocidad y la intensidad de tus orgasmos son innumerables. Si la practicas con regularidad, aprenderás a «llevar las riendas» en tus relaciones sexuales independientemente de que tu pareja sea experta o no. El objetivo es que no dependas de tu compañero para alcanzar el orgasmo, que alcanzar el clímax sea algo tan fácil y natural que en tus relaciones de pareja puedas concentrarte en otros aspectos de la relación sexual, y no tengas que estar preocupada de antemano sobre si «llegaré o no llegaré». Esta seguridad te liberará de los miedos que muchas mujeres solemos tener ante un contacto sexual, te dará seguridad en ti misma, y te convertirá en una persona mucho más atractiva e interesante para los demás.

*«Con los dedos de una mano, mantén los labios de tu vagina abiertos y estirados hacia arriba. Con la otra mano comienza a acariciarte el clítoris con suavidad. Con la piel así estirada, la sensación es mucho más intensa.»*

***María**, 32 años*

¿Ya te has convencido de la importancia y los beneficios de la masturbación,? Entonces, vamos a la práctica. ¿Cómo me masturbo? ¿Cuál es la postura más adecuada? ¿Debo utilizar sólo las manos o puedo ayudarme con algún aparato? ¿Es necesario que me introduzca algo en la vagina? La respuesta general a todas estas preguntas sería que puedes hacer lo que más te guste o te apetezca en cada momento. Si prefieres utilizar solo las manos, ¡perfecto! Si te resulta excitante la idea de hacerlo mientras ves una película erótica, ¡no hay problema!, si te estremeces de excitación sólo con pensar que tu vagina va a ser penetrada por algún tipo de consolador, ¡no te prives! Lo esencial es que destierres de tu mente cualquier idea de «suciedad» o «inconveniencia»: masturbarse es algo perfectamente natural, sano y no debería haber nada que te impidiera disfrutar de tu cuerpo tal y como desees hacerlo. Sentada, de pie, acostada, mientras te duchas, antes de dormir, al despertar... ¡cualquier momento es perfecto para disfrutar!

A continuación te mostraré una pequeña guía de cuáles son los tipos de masturbación que la mayoría de las mujeres encuentra más placentera. Pero no olvides que a la hora de gozar no hay más límite que el que tu propia imaginación se imponga.

La posición más adecuada para masturbarte depende mucho de la parte del cuerpo en la que has decidido concentrarte. Lo más normal es centrarse en el clítoris, pero no tiene por qué ser necesariamente así, hay otras zonas del cuerpo intensamente eróticas y que también nos pueden llevar al orgasmo. De hecho, lo ideal es combinar la estimulación de varias partes a la vez.

*«Como más me gusta hacerlo es en la cama, echada de lado. Me paso una mano por detrás del muslo, introduzco dos dedos en la vagina y empiezo a moverlos suavemente hacia dentro y hacia fuera. Con la otra mano me acaricio el clítoris con movimientos circulares cada vez más rápidos. La sensación es que una energía irresistible empieza a circular por todos los nervios de mi cuerpo hasta que... ¡ahhh!»*

***Penélope**, 20 años*

## El clítoris

Apoya la base de la palma de la mano derecha en la zona púbica. Justo donde empieza a nacer el vello. Sitúa la punta del clítoris entre los dedos corazón e índice y comienza a moverlos con suavidad de arriba y abajo. Con la otra mano estira hacia arriba los labios exteriores de la vagina manteniéndolos juntos. Procura no apretar demasiado el clítoris entre los dedos. La presión debe ser suave, aunque el movimiento se vaya acelerando según te lo pida el cuerpo. No olvides que se trata de una zona muy, muy sensible, y si presionas demasiado fuerte puede resultarte molesto.

Una variante de esta técnica es introducir uno o dos dedos de la mano izquierda en la vagina, sólo un poco, y hacer con ellos movimientos circulares suaves y delicados. Así conseguirás estimular al mismo tiempo todos los nervios del orificio vaginal que también son muy sensibles.

Cualquier posición puede ser buena para este tipo de estimulación: tumbada con las rodillas ligeramente flexionadas y los muslos un poco abiertos parece la más normal. Pero ¿por qué no intentarlo de pie, apoyada contra una pared, o en la ducha?

La estimulación del clítoris puede hacerse, en realidad, de tantas formas como se te ocurran. ¡Tengo una amiga que lo consigue pedaleando en una bicicleta! Sus compañeros nunca han terminado de entender de dónde le viene tanta afición al deporte de las dos ruedas. Otra forma muy utilizada consiste en tumbarse boca abajo con los muslos juntos, y frotar la pelvis contra un cojín o una almohada. El efecto es el mismo: la estimulación del clítoris. En este caso no se hace de manera tan directa, y el orgasmo probablemente tardará más en llegar... ¡todo depende del tiempo que dispongas!

Cualquiera de estas técnicas puede ir precedida o acompañada de caricias en los pechos, la cara interna de los muslos, u otra parte del cuerpo que te resulte agradable acariciar.

## El punto G

Esta pequeña protuberancia situada tres o cuatro centímetros en el interior de la cara anterior de la vagina es especialmente sensible, y algunas mujeres que conozco no cambiarían la sensación que sienten al acariciarla por ninguna otra cosa en el mundo. Pero en este caso sí que se requiere una posición determinada porque no es tan fácil acceder al dichoso puntito.

Tiéndete boca arriba y flexiona por completo las rodillas. Introdúcete dos dedos en la vagina y busca en la cara anterior, la que se aproxima al vientre. A tres o cuatro centímetros, notarás una pequeña protuberancia en la piel, algo menor que un céntimo de euro. Si lo presionas con decisión pero sin violencia, notarás que sucede algo parecido a una erección: se pone un poco más duro y parece que se hincha. Ese es el momento de comenzar a acariciarlo manteniendo siempre la presión. ¡La sensación que te espera no se puede describir!

## La uretra

Conozco algunas mujeres que encuentran un placer especial al estimularse la uretra. Se trata del orificio por donde sale la orina, que está situado entre la vagina y el clítoris. La técnica consiste en acariciarla con movimientos circulares y manteniendo siempre una cierta presión. No todas las mujeres llegan al orgasmo de esta manera, pero algunas me han confesado que si combinan las caricias en la uretra con la estimulación del clítoris, el orgasmo es mucho más intenso.

## Orgasmos emocionales y alternativos

No siempre para llegar al orgasmo hay que proceder a la estimulación de la zona genital. Cada mujer –cada persona— es un mundo. Amigas y amigos míos llegan al orgasmo acariciándose el pecho, o estimulándose el ano. Incluso es posible conseguirlo sólo con la imaginación, sin necesidad de tocarse en absoluto. Desde luego no parece fácil a priori, pero hay gente capaz de hacerlo. Lo ideal, en cualquier caso, es combinar la estimulación de al menos dos partes del cuerpo para conseguir orgasmos alternativos, más completos y más intensos. Por ejemplo, puedes intentar acariciarte el clítoris mientras presionas el punto G, o acariciarte los pechos o el ano mientras mueves los dedos arriba y abajo sobre la capucha del clítoris.

## Algunas sugerencias

**El empleo de lubricantes.** Las sustancias lubricantes incrementan la sensibilidad y proporcionan placer. Da igual que se trate de las secreciones vaginales, los lubricantes artificiales o la saliva. Lo único que hay que tener en cuenta es que la piel de los genitales es muy sensible y algunos productos pueden irritarla. Para evitarlo, utiliza siempre lubricantes al agua que no contengan alcohol. Hecha esta salvedad, todo lo que contribuya a incrementar la sensibilidad y a facilitar el orgasmo, ¡bienvenido sea! La saliva es una sustancia natural que puede llegar a resultar sumamente erótica. Juega con ella y no te limites.

**Explora otras texturas y sensaciones.** Intenta frotarte el cuerpo con un trozo de tela de terciopelo o un pañuelo de seda. Quizá con una toalla de mullido algodón. Todo lo que contribuya a desarrollar la inventiva y la creatividad mejorará tu vida sexual y te facilitará el orgasmo. Experimentar con nuevas sensaciones es la mejor prevención contra la rutina y el hastío.

**El momento de practicar.** Cualquier momento puede ser bueno para tener un orgasmo. Sin embargo, a veces, el ciclo menstrual puede tener alguna influencia. Está científicamente comprobado que en torno al decimoctavo día del ciclo, tu cuerpo está especialmente preparado para llegar al orgasmo. En ese momento del mes, tu cuerpo produce una cantidad extra de feromonas que no sólo te vuelven más excitable sexualmente sino que incluso atrae a los hombres a tu alrededor. Esta hormona se proyecta a través del sudor y crea a tu alrededor un aura muy atractiva. ¡Aprovecha el momento!

## Beneficios de la masturbación

- **La masturbación** está muy recomendada por los terapeutas y sexólogos como la mejor vía para mostrar a las mujeres que la satisfacción no depende sólo de los hombres.

- **Las mujeres que se masturban** hasta llegar al orgasmo de manera regular, no tienen problemas para lograr la plena satisfacción en sus relaciones sexuales de pareja. No puede decirse lo mismo de las que nunca o muy rara vez se masturban.

- **La capacidad de llegar al orgasmo** cada vez que quieras por medio de la masturbación, te ayudará sobremanera a mantener alta tu autoestima, incrementará tu confianza y aumentará tu atractivo personal.

- **La masturbación constituye** un excelente ejercicio para la circulación de la sangre, lo que contribuye a mejorar el funcionamiento del sistema cardiovascular.

- **Nada mejor contra el estrés** que el ejercicio regular de la masturbación. La liberación de endorfinas que el orgasmo lleva consigo es el mejor remedio para combatir la ansiedad provocada por el estrés de la vida moderna.

- **Cada vez que acaricias** tu vagina y tienes un orgasmo estás ejercitando y aprendiendo a conocer y controlar los músculos de tu zona genital. Ese ejercicio te ayudará a prevenir riesgos y complicaciones durante el parto.

- **En tiempos de sida** y de todo tipo de enfermedades de transmisión sexual, resulta difícil de encontrar una manera mejor de practicar sexo seguro.

## ¿Problemas?

A lo mejor has estado practicando lo que te hemos propuesto y los resultados no han sido del todo satisfactorios. O sea, que te lo has pasado bien, pero... no tanto. No ha llegado a producirse esa descarga intensa, esas contracciones incontrolables y sublimes que te llevan hasta el séptimo cielo. No desesperes y no te pongas nerviosa. Puede que estuvieras demasiado tensa o demasiado relajada, o que tu mente estuviera en otra parte. Vamos a darle un repaso a las situaciones más comunes que suelen producirse entra las mujeres y que dificultan la consecución del orgasmo durante la masturbación.

**Demasiadas expectativas.** Tantas, que te has pasado todo el tiempo conteniendo la respiración. Si tienes tanta prisa por llegar al orgasmo que apenas respiras... es posible que el orgasmo no llegue. Recuerda lo que te dijimos en el capítulo anterior. Practica el ejercicio que allí te propusimos. La respiración debe ser profunda, armónica y, si no la fuerzas, ella sola irá adaptándose a las diferentes fases.

**Demasiada tensión.** ¿Tienes miedo de que alguien te sorprenda? ¿No te puedes relajar? Busca un momento del día exclusivamente para ti. Echa el cerrojo, pon una luz suave y descuelga el teléfono. Comienza practicando el ejercicio con el pecho que te hemos indicado en el capítulo anterior y... ¡disfruta!

**Demasiada relajación.** ¿No consigues excitarte? ¿El cuerpo te pesa y no te responde? A lo mejor eres de esas mujeres que necesita ponerle un poco más de picante al asunto. Muchas de nosotras nos sentimos mucho más excitadas ante situaciones arriesgadas o poco habituales. Tengo una amiga que cuando más disfruta es haciéndolo en el ascensor —vive en un décimo—, o mientras conduce camino del trabajo —siempre le digo que tenga cuidado con los semáforos. ¡No te cortes! ¡Inténtalo en el metro o cuando vas al baño a la hora del café!

**El roce me molesta.** Seguro que se debe a que no estás suficientemente lubricada. El frotamiento que se produce entre los dedos y las zonas genitales requiere una lubricación adecuada. Recuerda las sugerencias que te hicimos. Si el fluido vaginal no es suficiente —¿te introduces los dedos en la vagina?—, utiliza la saliva o algún lubricante artificial que no contenga alcohol ni sustancias agresivas.

**No puedo concentrarme.** ¿Siempre con la cabeza en otra parte? Tienes que hacer un esfuerzo de concentración. Estás practicando sexo y tu mente debe focalizarse en ello. ¿No lo consigues? Utiliza algún estímulo externo. ¿Qué tal una película? ¿Quizá mejor un libro? Dicen las estadísticas que a las mujeres nos excitan más las palabras y a los hombres las imágenes. ¿Estás de acuerdo? Puedes probar con *El amante de Lady Chatterley* de D.H. Lawrence.

**La culpa es del periodo.** Recuerda que el ciclo menstrual puede influir en tu capacidad para llegar al orgasmo. Normalmente entre los días décimo y decimoctavo es cuando el nivel hormonal de tu cuerpo está en su punto álgido. Son los días de mayor fertilidad y también cuando el deseo sexual se muestra con más fuerza, ¿por qué no pruebas? Durante los días inmediatamente anteriores y posteriores a la menstruación hay muchas mujeres que no pueden ni oír hablar de sexo.

¡Ánimo amigas! Masturbaos en la cama, en el baño, en el coche. Hacedlo cada vez que tengáis oportunidad. Todas las mujeres, y tú también, pueden tener un orgasmo, e incluso varios, cada vez que lo deseen. Las estadísticas afirman que una mujer que se masturba regularmente consigue llegar al orgasmo en un tiempo que va de los tres a los cinco minutos. Y eso es partiendo de cero. Es decir, sin estimulación previa y sin una situación especialmente apropiada. ¿Imaginas cuánto tardarías si estás previamente excitada por alguna fantasía, o por la compañía de un chico guapísimo y deseable? Si tú aún no has llegado a conseguirlo en ese tiempo es simplemente por falta de práctica. Explora tu cuerpo, tócalo, aprende qué es lo que te da placer. Si practicas y practicas, no tengas ninguna duda de que lo lograrás.

# El sexo en pareja

*«La unión entre un hombre y una mujer es como el apareamiento entre el Cielo y la Tierra. Gracias a su correcto apareamiento, el Cielo y la Tierra perduran eternamente.»*

*Proverbio chino*

Ya has aprendido a gozar de tu cuerpo. Ya sabes cómo llegar al orgasmo con facilidad y sin que te suponga un esfuerzo de horas. Pero como sugiere el proverbio que acabas de leer, la unión con un hombre es como estar en el cielo. Experimentar un orgasmo mientras haces el amor con la persona que has elegido para compartir ese momento es realmente algo delicioso e inigualable. La sensación física del orgasmo es la misma que se consigue con la masturbación. A fin de cuentas, como decía Woody Allen, «masturbarme es hacer el amor con alguien a quien amo», pero no cabe duda de que las emociones implícitas en el acto sexual enriquecen las sensaciones físicas y las elevan a otros niveles, realmente difíciles de describir.

En este capítulo te voy a hablar del sexo con tu pareja. Estable o inestable, fija o esporádica, la relación que se establece

entre dos personas cuando hacen el amor es quizá la más íntima, personal e intransferible que podemos disfrutar los humanos. Es posible que te hayan hablado de que cuando se ama de verdad a alguien, el hecho de no llegar al orgasmo mientras haces el amor con él no es tan importante. Quizá te han dicho que la sensación de intimidad es tan grande, la ternura es tan importante y la comunicación entre los dos tan intensa, que el orgasmo se convierte en algo secundario. Perdona, pero no estoy de acuerdo. Si sólo sucede muy de tarde en tarde, quizá no tenga ninguna importancia, pero no llegar al orgasmo nunca, es algo ciertamente frustrante. Como dice mi amiga Natalia: «No llegar al orgasmo haciendo el amor con mi pareja es algo que me duele. El sexo sin orgasmo es como besar a tu madre en la frente: tierno, íntimo, cálido, pero... claramente insuficiente».

Tu cuerpo, tu mente, todo tu ser *necesitan* llegar al orgasmo al hacer el amor: para sentirte satisfecha, plena, realizada y relajada. Desde luego, no se trata de que te obsesiones tanto con el orgasmo que seas incapaz de disfrutar de todos y cada uno de los momentos que la relación sexual con alguien te proporciona. Más bien se trata de lo contrario: para llegar al orgasmo con facilidad durante el acto sexual, debes estar plenamente relajada, entregada, y capaz de disfrutar de cada uno de los pequeños y mínimos detalles que ofrece la relación con un compañero.

No te preocupes. Relájate y sigue leyendo porque te voy a mostrar lo que hay que hacer para que el acto sexual con tu pareja llegue a donde tiene que llegar: al éxtasis de ambos. Y si es en el mismo momento, aún mejor. El placer compartido es la mejor forma de disfrutar del sexo y de sentir un orgasmo intenso.

*«Me gusta ponerme encima de mi novio. Jugueteo con él,*
*le paso los pechos por la boca, me muevo arriba y abajo*
*y froto la pelvis contra sus muslos y su vientre.*
*Cuando, de pronto, me introduzco su pene en la vagina.*
*Literalmente se vuelve loco.»*

***Adriana**, 37 años*

Una de las ideas más extendidas en lo que a sexo se refiere es que el hombre puede tener un orgasmo en apenas tres minutos, mientras que la mujer necesita entre veinte minutos y media hora para lograrlo. Esto es absolutamente falso. Una mujer que practique regularmente la masturbación y haya llegado a un control aceptable de los músculos vaginales puede tener un orgasmo en apenas tres minutos de estimulación correcta del clítoris. Por lo tanto, imagina la de posibilidades que esto te ofrece a la hora de hacer el amor con tu compañero. Ya has aprendido en el capítulo anterior cómo puedes llegar al orgasmo con facilidad. Ahora no dudes en aplicar lo asimilado cuando tengas compañía.

*«Mi novio me dijo una vez que se masturbaba antes de hacer el amor conmigo para después tardar más en llegar al orgasmo. Yo también me masturbo, pero justo por lo contrario: antes de que llegue, me acaricio hasta que llego a un grado de excitación enorme... pero me paro justo antes de correrme. Así, cuando hacemos el amor, llego al orgasmo prácticamente en el momento que quiero.»*

***Esmeralda**, 30 años*

Hay varias maneras de que llegues a tener un control real sobre tu orgasmo, de manera que, cuando hagas el amor con tu compañero, puedas llegar a controlar cuando deseas alcanzarlo, e incluso sincronizarte con él.

Una de ellas es la que expresaba Esmeralda en el testimonio que acabas de leer. De esa manera alcanzas un grado de excitación tan alto antes de la relación sexual que, cuando llega el momento, puedes desencadenar el orgasmo con unos pocos movimientos sabiamente dirigidos. Otra es masturbarte durante el acto sexual. En la postura adecuada a tus características físicas —en seguida te ofreceremos una guía de las posturas más convenientes—, el propio movimiento de tu compañero estimulará tu clítoris de manera directa y con eso será suficiente. Pero si no es así, puedes recurrir a masturbarte tú misma. En un principio puede que pienses que a tu compañero le va a resultar extraño, pero quizá te lleves una sorpresa y a él mismo le resulte excitante sentir cómo te masturbas y tu excitación va subiendo por momentos, mientras él se mueve dentro de ti.

En cualquier caso, siempre es importante que te deleites con relajación en los momentos previos al acto sexual. Besos, caricias, estimulan el deseo sexual y ponen tus órganos sexuales en la mejor disposición para cumplir su cometido y hacerte disfrutar al máximo.

## Yo también sé fingir

A ninguna mujer le gusta que su compañero piense que no está disfrutando haciendo el amor. Si has visto alguna película pornográfica, verás que todas gimen y gesticulan como si estuvieran disfrutando todo el tiempo al máximo: son buenas actrices. En realidad, lo más probable es que estén pensando en que al día siguiente tienen que llevar al niño al médico, o en si lo que le van a pagar por la película les llegará para pagar la letra del coche. En la vida real, fingir nunca es un buen camino para llegar realmente al orgasmo. Debo reconocer que yo también he fingido mucho. Hasta que descubrí que lo que realmente buscaba en una relación sexual era disfrutar. No que mi compañero pensara que disfrutaba, sino disfrutar de verdad. Todo cambió desde entonces en mis relaciones.

Una relación en la que no disfruto sexualmente no merece la pena. Ahora sé cómo llegar al orgasmo independientemente de que mi compañero sea experto o novato, sepa encontrar los puntos que me resultan agradables o no... porque he aprendido cómo decírselo.

Se dice que no hay mujeres frígidas sino hombres inexpertos. Esa afirmación es de las más machistas que he oído en mi vida. En todo caso habrá mujeres inexpertas o ignorantes, o por lo menos, mujeres que no conocen su propia sexualidad. Cuando sabes lo que te gusta, cuando conoces tu cuerpo y sabes cómo reacciona, cuando estás segura de dónde y cómo te deben tocar para que disfrutes, lo único que tienes que hacer es guiar a tu compañero, o hacerlo por ti misma.

La comunicación es básica para que él sepa cómo hacerte vibrar. Y si no le parece bien, o no le gusta que lo guíen, o piensa que es tan «varonil» que basta con su erección para que tú te corras, probablemente se trata de alguien que no merece demasiado la pena, y más vale que le dejes claro que, o cambia, o que se vaya buscando otra que soporte su arrogancia.

## Las 10 posturas **más excitantes**

Mucho es lo que habrás oído o visto en revistas o en películas sobre las posturas. Algunas parecen más propias de un espectáculo de circo que de una situación de encuentro sexual entre dos personas de distinto sexo. Existen muchas posiciones para hacer el amor. Ninguna es mejor que otra. Simplemente depende de las personas, de la situación, del ambiente. No es lo mismo hacer el amor en un ascensor con un desconocido antes de llegar a tu piso, que hacerlo en la suite de un hotel de lujo durante la noche de bodas, después de tres botellas de champán. Por eso es importante que tengas toda la información posible acerca de las posturas más aconsejables, y que tú misma la elijas en función del momento, el compañero y lo que quieres obtener. A veces, lo que pretendes es un orgasmo rápido porque te tienes que ir a trabajar y no quieres llegar tarde, otras dispones de toda la tarde o toda la noche para recrearte en la suerte y te gustaría, en ese caso, cortar las dos orejas y el rabo.

**1. La postura del misionero.** También llamada de Adán y Eva o «del matrimonio». Es la postura más común en toda el área mediterránea. En ella el hombre se coloca enci-

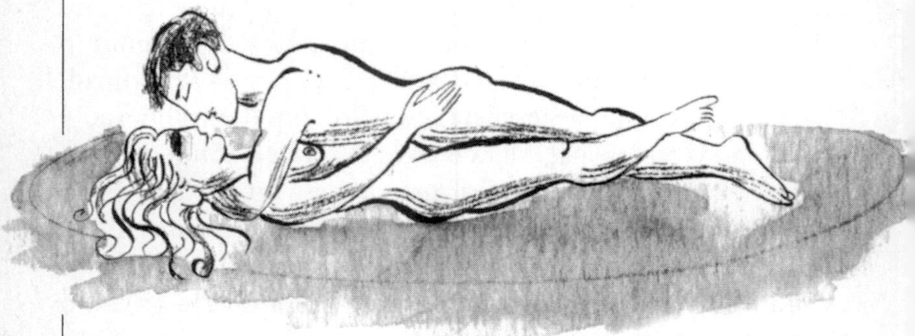

ma de la mujer que lo recibe de cara. La mujer puede rodear con sus piernas el cuerpo del hombre o mantenerse simplemente con las piernas abiertas. Si eres de las que tiene el clítoris conectado con los labios menores de la vagina, el movimiento pélvico de tu compañero bastará para estimulártelo indirectamente y provocarte un orgasmo muy intenso. Si no es así, tu compañero puede estimularte el clítoris con el hueso de su pelvis, el ángulo de penetración será ligeramente distinto, pero el resultado final igual de bueno.

Es conveniente que el hombre mantenga un ritmo de unos cuantos movimientos –cuatro o cinco– y haga una pequeña parada, para continuar luego con la misma secuencia. También es muy placentero que el hombre le imprima a sus movimientos un cierto carácter circular, y no sólo dentro-fuera para mantener constante la presión sobre la zona púbica y el clítoris de la mujer. Lo ideal es que seas tú la que guíes la velocidad y la presión del movimiento. Puedes hacerlo con tus manos en sus glúteos... ¡son tan eróticos!

*«Aunque está un poco desprestigiada, es la postura que mi novio y yo preferimos. Nos miramos a los ojos, podemos besarnos con ternura y con pasión y comprobar en la mirada cómo el placer se va apoderando de nosotros. El contacto corporal es total, y la sensación de plenitud inigualable. Nos gusta tanto que tenemos que hacer un esfuerzo para intentar otras posiciones.»*

Amanda, 31 años

**2. La mujer encima.** Es ideal si quieres llevar la iniciativa. Puedes controlar la profundidad de la penetración y la velocidad de los movimientos. También permite que tanto tú como tu compañero tengáis fácil acceso al clítoris con las manos. Si además tu novio es especialmente suave y delicado acariciándote los pechos, ésta puede ser tu postura ideal.

## Las 10 posturas **más excitantes**

Si te gusta que te estimulen el punto G, puedes sentarte sobre su pene, con lo que, al moverte, estimularás la pared anterior de la vagina, y te aseguro que lo vas a pasar muy, pero que muy bien. Únicamente, ¡controla no caerle encima con todo tu peso!

*«Me encanta cuando Susi y yo hacemos el amor con ella colocada encima de mí. Puedo contemplar todo su cuerpo, acariciarle los senos, mirarle y estimularle la vagina y el clítoris. Pero lo que más me gusta de todo, es poder ver la pasión que se refleja en su cara.»*

Agustín, 25 años

**3. La mujer encima dando la espalda.** Una variante muy atractiva de la postura anterior es colocarte encima pero de espaldas a él. Tienes acceso al clítoris y tu compañero puede estimularte el ano y acariciarte las nalgas. Al no tener contacto visual, puedes fantasear como te dé la gana y poner los gestos que te apetezcan. ¡A veces es tan placentero sentirse libre para poner cara de fiera sin que el temor de que nos están mirando nos coarte! En esta posición, tú eres quien controla los movimientos y tienes que hacerlo con cuidado porque, hasta que consigas cogerle el ritmo, no es difícil que el pene se salga. Si te agarras con fuerza a sus pies mientras os movéis en un suave balanceo como de columpio, conseguirás que retrase su orgasmo.

*«Me gusta esta posición porque los movimientos son suaves y armoniosos. Más que entrar y salir de mi vagina, su pene permanece siempre dentro mientras nos rozamos con fuerza y suavidad hacia atrás y hacia delante. ¡Uahhhh!»*

Adela, 39 años

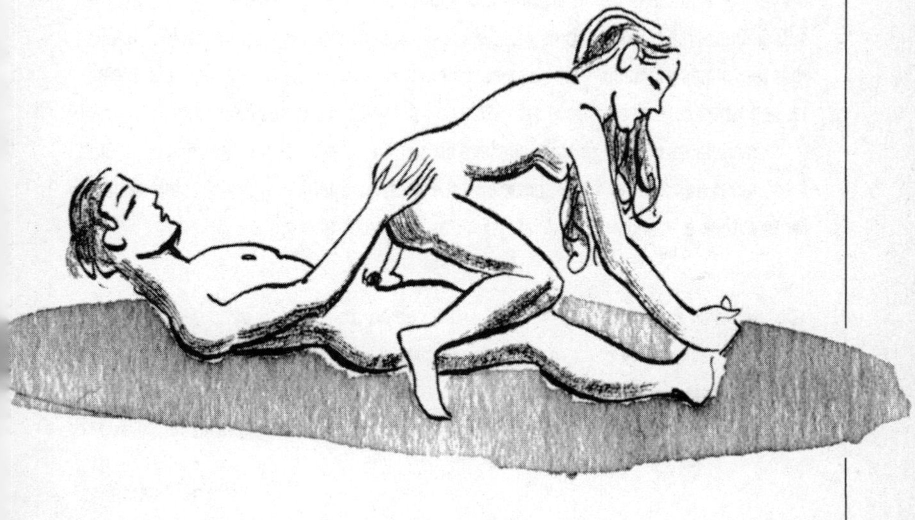

## Las 10 posturas **más excitantes**

**4. La cuchara de frente.** Esta postura te resultará muy confortable. Echados ambos de costado, frente a frente, ninguno tiene que soportar el peso del otro. La penetración puede llegar a ser muy profunda. Y con bastante suavidad y un buen acoplamiento de las piernas, la estimulación de toda la zona genital es directa e intensa. También notarás que, en esta posición, tu compañero puede controlar muy bien sus movimientos y prolongar así su orgasmo.

*«Echarme de costado junto a Miguel, y sentir cómo me penetra con suavidad mientras con su pierna me abre la vagina es lo más delicioso que conozco.»*

Andrea, 26 años

**5. La cuchara por detrás.** Si estás embarazada, ésta es tu postura. Echada de lado, tu compañero se coloca también de costado y te penetra por detrás. No hay otra postura más cómoda. Podréis prolongar el coito hasta que queráis sin cansaros. Tanto él como tú, tenéis acceso fácil al clítoris si así lo deseáis. ¡Resulta tan agradable que te abrace por detrás y te acaricie el pecho mientras se mueve dentro de ti y la sensación de placer va subiendo poco a poco! Si abres y levantas un poco las rodillas, la penetración se hace más fácil y más profunda. Y si la deseas realmente honda, dobla tu cintura hacia adelante: la postura se vuelve un poco más «salvaje», pero ¡una tiene sus momentos!

Otra variante de esta postura consiste en sentarte sobre sus muslos con las rodillas flexionadas hacia atrás. La penetración así es muy agradable porque él puede estimular tu clítoris o acariciar tus pechos mientras tu marcas el ritmo.

*«Descubrimos esta postura cuando yo estaba embarazada, pero luego hemos seguido practicándola cada vez con más frecuencia. Empezamos suavito, suavito, pero conforme vamos entrando en materia, a veces la cama empieza a chocar con la pared, y es como si el golpeteo se acompasara con nuestro propio ritmo, y...¡Uauh!»*

Emma, 40 años

**6. El gato.** ¿Aburrida? ¿Ya no sabes qué hacer para romper la monotonía del coito con tu pareja?. Prueba esto: él, de pie, te sostiene entre sus brazos y tú le rodeas las caderas con las piernas. Puede que te parezca incómodo, pero te aseguro que la penetración es tan profunda, y su pelvis aprieta de tal manera tu clítoris, que el orgasmo no tardará en llegar, apenas os frotéis un poco el uno contra el otro. Si no tienes mucho tiempo, o estáis en un ascensor, o en el cuarto de la limpieza de la oficina y el espacio no da para más, esta postura es perfecta

Para hacer la postura un poco más confortable, puedes apoyar las nalgas en el borde de una mesa, o en un taburete alto.

## Las 10 posturas **más excitantes**

*«Hacer el amor en la cocina es la experiencia más excitante que he tenido nunca. Allí estoy yo haciendo unos bocadillos, y de pronto aparece Juan, empieza a acariciarme con pasión, me levanta la falda, me empuja hasta que mis nalgas chocan con el borde de la mesa, y ¡vamos! Siento que su pene es enorme y que mi clítoris está a punto de estallar. ¡Es delicioso!»*

Amina, 41 años

**7. La carretilla.** Tú te echas boca arriba. Él se pone de rodillas mirándote a los ojos y, con cara de pasión, te sostiene por las caderas. Tú arqueas la cintura hacia arri-

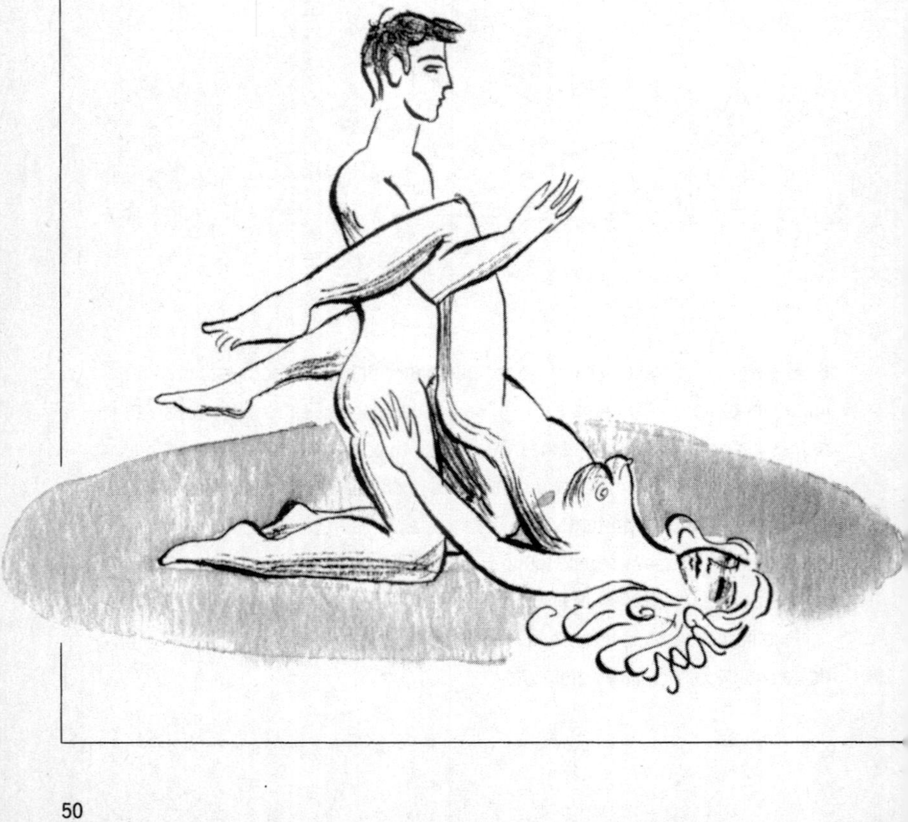

ba para que los órganos sexuales entren en contacto. Él tiene tu vagina delante de sí y no puede más de excitación. Tus labios menores se hinchan y se abren. Las piernas arqueadas estiran y tensan tus músculos genitales. ¿Te lo imaginas? La penetración no es fácil, pero cuando la consigas, podrás tener el orgasmo más intenso de tu vida.

*«Vi esta postura en una película porno y me pareció incomodísima y difícil. Pero cuando me encontré con Julián por la noche, no lo pude resistir y le pedí que lo intentáramos. Nunca lo he visto tan apasionado. Nunca he disfrutado tanto.»*

Cecilia, 23 años.

**8. El perrito.** Esta es una postura muy, muy excitante. Puede que, de entrada, te parezca poco erótica, pero si eres apasionada, o mantienes relaciones con la misma persona desde hace tiempo, esta posición te abrirá las puertas de nuevas sensaciones. Se trata de que te pongas de rodillas y con las manos o los codos apoyados en el suelo, la alfombra o el colchón. El hombre, también de rodillas, te penetra por detrás. La penetración es muy profunda y puede variarse el ángulo con facilidad. En esta postura, el pene estimula vigorosamente la pared anterior de la vagina donde se encuentra el punto G, por lo que los orgasmos pueden llegar a ser realmente intensos y deliciosos.

*«Hacer el amor está muy bien. Es agradable y placentero, pero a veces estoy tan excitada que me apetece algo más* fuerte, *algo así como* follar. *El perrito es una posición ideal para estas ocasiones.»*

Alicia, 25 años.

## Las 10 posturas **más excitantes**

**9. La tijera.** En esta posición tus piernas y las de él se entrelazan como una tijera. Tiene todas las variantes que puedas imaginar, y siempre permite un perfecto acoplamiento de los órganos sexuales. Es especialmente recomendable cuando el hombre tiene el pene pequeño, porque la conjunción de los órganos de ambos es fácil, y la sensación de «plenitud» se consigue gracias al perfecto acoplamiento, independientemente del tamaño del pene. Por otra parte, la pelvis del hombre puede estimular con facilidad tu clítoris, con lo que el orgasmo rápido y seguro está garantizado.

*«Sentir el contacto de sus muslos estrechamente apretados contra los míos me gusta muchísimo. ¡Y la presión sobre mi clítoris es tan constante y tan dulce! No hay problema para acompasar el movimiento de los dos, y podemos acariciarnos y besarnos a nuestro antojo. Sin duda, es mi postura preferida.»*

Iris, 38 años

**10. Cumbres peligrosas.** Te pones de pie, dándole la espalda a tu compañero. Luego te doblas por la cintura y apoyas las manos en las rodillas, o en una silla, o en el lavabo. Levantas un poco la pierna para que él, que también está de pie, pueda penetrarte por detrás. Una vez que te haya penetrado, juntas las piernas con fuerza para presionar al máximo su pene. Es una posición perfecta para un encuentro rápido, pues ni siquiera es necesario quitarse del todo los pantalones. ¡No siempre disponemos de todo el tiempo del mundo! Con una de tus manos, puedes estimularte el clítoris y acelerar así el orgasmo.

*«Cuando Manuel me colocó en esta posición, me pareció un poco* sucia, *demasiado poco romántica. Claro que yo no sabía aún lo que me esperaba. ¿Sabes lo excitante que resulta hacerlo así, en el servicio de una discoteca por ejemplo? Creo que desde entonces aún le quiero más.»*

Berta, 24 años

## Ayudas

A la hora del sexo, créeme cuando te digo que todo debe estar permitido. Si se trata de disfrutar sola o en compañía, no hay por qué poner límite a la imaginación. Piensa que, según el Kamasutra, existen más de 500 posiciones para hacer el amor. Sólo te he hablado de las diez que me parecen más excitantes, pero la realidad es que no hay más límite que el que tú misma establezcas. No se trata —todavía— de nada extraordinario, estrambótico o extraño. Simplemente hay pequeños detalles, objetos, cosas habituales en cualquier casa, que pueden dar mucho juego a la hora de incrementar la excitación y el placer sexual. Te proponemos algunos y te invitamos a que tú misma completes la lista:

- **Espejos.** Colocados en el techo o en la pared pueden actuar como un potente afrodisíaco.

- **Un taburete alto.** De los que hay en las barras de los bares. Para apoyar tus nalgas en la postura del gato, o para poner las manos en «cumbres peligrosas», le darán un *toque* especial a tus relaciones.

- **Una cama ancha y con el colchón duro.** Te facilitará ponerte de rodillas o de pie para introducir todo tipo de variantes en las posiciones que te hemos explicado.

- **Una almohada.** ¡Parece increíble! Una simple almohada debajo de tus nalgas en la postura del misionero, por ejemplo, facilitará el contacto de la pelvis de tu pareja con tu clítoris... y ya sabes lo que eso significa.

- **Agua templada.** ¡Como lo oyes! ¿Qué tal la bañera?

- **Luces, colores y sonidos.** Todos los sentidos juegan un papel importante a la hora de la excitación y el placer. Una iluminación suave, colores agradables —siempre con algo rojo que incremente la pasión—, una música adecuada... te ayudarán a preparar el escenario ideal... ¿A qué esperas?

# La fantasía y el orgasmo son inseparables

En un capítulo anterior, aprendiste que el sexo empieza en la mente. Las fantasías sexuales son un factor esencial para tener orgasmos intensos, profundos y deliciosos. Una vez más, no hay que poner límites a la imaginación... y nunca mejor dicho.

El placer no depende sólo de la anatomía. La concentración en lo que estás haciendo es absolutamente esencial. Las fantasías te ayudarán a conseguirla.

*«Yo a Juan lo quería mucho, pero no tenía más remedio que reconocer que no era un tipo especialmente excitante. Un día imaginé a una pareja de amigos haciendo el amor mientras Juan los miraba. Al cabo de un rato, Juan se sumaba a los juegos y empezaron a hacer un* menage à trois. *Me excité tanto que tuve un orgasmo intensísimo casi de inmediato. Nunca he tenido una experiencia así en la vida real, y lo cierto es que no me apetece tenerla, pero jugando con la imaginación, conseguí que Juan me resultara un hombre absolutamente irresistible.»*

**Susana**, *33 años*

Tener fantasías sexuales es algo completamente normal. No debes asustarte por ello. Incluso si su contenido es un poco fuerte. El hecho de que te excite pensar que un hombre te fuerza no significa que te gustaría que sucediera en la realidad. En la imaginación no hay dolor. Es una manifestación de la creatividad y una ayuda inapreciable para satisfacer nuestros deseos. No sé muy bien por qué, pero a lo largo de mi experiencia he podido comprobar que los hombres nos llevan en esto mucha ventaja. Las mujeres con las que he hablado, generalmente se limitan en sus fantasías a hacer el amor con su pareja, pero los hombres... ¡no te puedes ni imaginar hasta donde son capaces de llegar para excitarse con la imaginación! Probablemente esto se debe al sentido de culpa con que las mujeres han mirado la sexualidad durante generaciones, incluso cuando se trata sólo de fantasear. Pero esos tiempos ya han pasado.

Vivimos en un mundo libre donde el derecho a pensar lo que se quiera y dejar correr la imaginación sin límites está plenamente aceptado. Basta ya de sentimientos de culpa y de falsas inhibiciones. No olvides que por naturaleza todo lo prohibido nos atrae. ¡Permite que tu mente vuele a lo más alto!

Un porcentaje muy alto de mujeres (más del 90 %) necesitan de las fantasías sexuales para llegar al orgasmo mientras se masturban, y un número no despreciable (por encima del 70 %), las tienen mientras hacen el amor con su pareja. ¿Significa que debemos fantasear con nuestro compañero mientras hacemos el amor? ¡No necesariamente! Si te resulta más excitante imaginar al vecino de arriba o a George Clooney, o a los dos, desnudos y diciéndote cosas excitantes al oído ¿por qué no permitírtelo?

La imaginación es inofensiva. Sólo se trata de ayudarte a ti misma a concentrarte en el sexo y desconectar de la rutina, a focalizar todas tu energías en el sexo, porque así disfrutarás mucho más de tu experiencia sexual, y llegarás más fácilmente al orgasmo.

## Yo no sé fantasear

Eso no es cierto. Todo el mundo *sabe* fantasear. Lo que quizá ocurre es que tienes miedo, o te parece que estás haciendo algo malo o por lo menos incorrecto. Conozco muchas mujeres que se sienten culpables porque tienen fantasías sexuales con amigos de su marido, o con actores de cine o cantantes. Esto no tiene sentido. La fantasía es absolutamente libre y no le hace daño a nadie. Una mujer no es más *fiel* o más decente porque sólo tenga fantasías eróticas con su pareja. La *fidelidad* y la *decencia* están en otra parte. Tener fantasías con hombres diferentes es algo absolutamente normal y no debes tratar de impedírtelo. De hecho, el encanto de las fantasías eróticas es que nos deja plena libertad para tener cualquier experiencia sexual, fuera de la realidad. ¡Aprovecha esa gran ventaja! ¿Qué tal un apasionado romance con Brad Pitt mientras te duchas? El tener fantasías determinadas no significa que una realmente *desee* que se conviertan en realidad. Considéralas más bien como un juego, una ayuda, algo importante para concentrarte en el sexo y disfrutar de él.

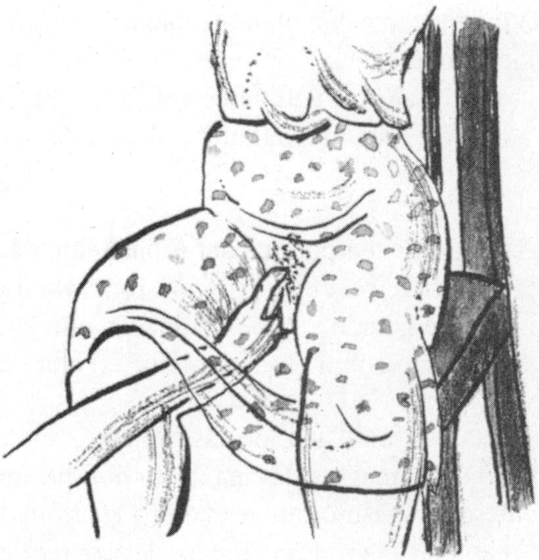

*«¿Que si tengo fantasías? Muchas y de todo tipo. Fantaseo con el ginecólogo, imaginando que me penetra en la mesa de la consulta; con dos hombres que me poseen al mismo tiempo, uno por la vagina y otro por el ano. Imagino que hago el amor con alguien mientras mi pareja nos mira, o que un extraño me acaricia el sexo bajo la mesa de un restaurante. Normalmente no tengo tiempo de elaborar una fantasía muy complicada mientras hago el amor, porque llego al orgasmo en seguida, pero me ayuda muchísimo traer a la mente imágenes rápidas como las que acabo de citar.»*

***Isabel**, 39 años*

## ¿Cómo lo hago?

Si eres de esas personas que, a pesar de todo, se consideran incapaces de fantasear de manera placentera y divertida, sigue estos consejos:

1. **Deshecha las historias con planteamiento,** nudo y desenlace. Hemos quedado en que la fantasía es libre. ¡Olvídate del argumento! Concéntrate en detalles e imágenes breves que te resulten atractivos: una mirada, una caricia, una penetración, un beso.

2. **Las imágenes no tienen por qué ser explícitamente sexuales.** A veces resulta más excitante algo más romántico y sensual, como un roce inesperado, o que nos abracen estrechamente al pie de acantilado mientras el sol se pierde en el mar.

4. **En casi todas las fantasías** lo más excitante suelen ser los pequeños detalles: imaginar la cara de un hombre atractivo en el momento del orgasmo; un encuentro apasionado en una situación inesperada como el comedor de casa o el asiento tra-

sero del coche; una determinada caricia que «nos pone» especialmente.

5. **Practica todo tipo de fantasías** mientras te masturbas, ya verás cómo te ayuda a la hora de hacerlo con tu pareja.

Ahora que has leído mis consejos, túmbate en el sofá, apaga la tele y pon una iluminación suave. Desconecta el teléfono y, si puedes, el timbre de la puerta. Un poco de música suave puede venir muy bien. Empieza a explorar tu cuerpo lentamente mientras tu mente busca situaciones excitantes. Puedes empezar en un restaurante pequeño e íntimo. Un desconocido al que vienes observando desde hace rato porque te resulta atractivo se levanta de su mesa y parece que se acerca a ti. La imagen siguiente puede ser un beso apasionado con ese desconocido a la salida del restaurante o en el coche... y ¡ya puedes seguir tú sola! Imagina hombres atractivos que te acarician, o que miran cómo tú misma te acaricias, y se acercan y te tocan. ¡Recuerda que en la imaginación todo está permitido! Te sorprendería saber el alto porcentaje de mujeres que se excitan visualizando que son forzadas por uno o varios hombres, si ése es tu caso, ¡no te prives! Consiente, abandónate... y sigue acariciándote mientras lo haces. Recuerda lo que te indiqué en el apartado de la masturbación. Si te parece que vas a llegar al orgasmo, para un momento y continúa imaginando, la siguiente oleada de excitación será aún más fuerte. Retoma la situación anterior o cámbiala si ya no te resulta tan excitante, deja que tu mente vuele con libertad hacia los lugares y las situaciones que realmente te resulten irresistibles. Piensa en tu actor favorito, o en el vecino de arriba, o en el marido de tu amiga... ¡todo vale, no es más que una fantasía! Imagina cómo se acerca a ti, te sonríe y comienza a acariciarte. Cuando sientas que la excitación sube de nuevo, empieza a representar el orgasmo, arquea las caderas, gime o pronuncia las palabras que se te ocurran y que acrecienten tu excitación. Incluso grita si te apetece. Lo interesante es que tus pensamientos vayan subiendo de tono y de intensidad a medida que tu excitación crece, hasta que llegues al orgasmo en la fantasía... y en la realidad.

Otro posible camino para iniciar una fantasía puede ser el recuerdo de alguna experiencia sexual anterior que te resultara placentera. No se trata de imaginarla exactamente igual. El secreto está en aderezarla con todo tipo de detalles que quizá no ocurrieron pero que en este momento te resultan apetecibles. Él ahora es aún más dulce y suave que en aquella ocasión, la luz es más tenue y la postura más excitante. Puedes incluso tratar de escribir tu fantasía favorita describiendo los detalles. No te preocupes si no te sale un guión digno de Almodóvar. No importa si las escenas no tienen una continuidad creíble. De lo que se trata es de que pongas por escrito los detalles, las situaciones y las caricias que te excitan. También puedes incluir las palabras que te gusta oír cuando haces el amor. Luego, en otro momento, cuando vayas a ejercitar tu fantasía de nuevo, leer lo que has escrito puede ayudarte mucho a comenzar a imaginar.

## ¿Debería compartir mis fantasías con mi pareja?

Las relaciones, y mucho más cuando el sexo está involucrado, son algo muy personal. No existe una respuesta definitiva y única a esa pregunta. Depende del tipo de relación que tengas con tu pareja. Depende de tu carácter y del suyo. Lo que sí debes tener claro es que no hay ninguna obligación de contar tus fantasías. Todas las personas tenemos un mundo privado que no compartimos con nadie. La imaginación es una parte esencial de esa privacidad. Quizá es el único territorio en el que somos auténticamente libres. No hay que dar explicaciones, ni decir por qué, ni para qué imaginamos algo. Lo hacemos simplemente porque sí, porque nos gusta, porque nos divierte, porque nos excita. Respetar esa privacidad es esencial en una relación. Si compartir esas fantasías con tu pareja te ayuda a mejorar tu relación, hazlo. Pero si sientes que no te va a comprender, o te da un poco de vergüenza, o con-

sideras que se trata de algo que sólo a ti te pertenece, no te preocupes en absoluto. Nadie tiene derecho a invadir esa zona de ti misma.

Si tu pareja se pone muy pesada preguntándote una y otra vez qué es lo que piensas mientras hacéis el amor, simplemente dile lo que sabes que le gustaría oír. Puedes contarle que sólo piensas en él, y que te excita representar en tu mente lo que hacéis en la realidad, o que es tan buen amante que eres incapaz de imaginar nada, porque te excita tanto que tu imaginación se bloquea. Cualquier cosa que lo haga sentirse feliz. No pienses que le estás mintiendo. En todo caso, la culpa sería suya por intentar invadir un territorio que no le pertenece.

Pero también puede darse otro tipo de situación. Quizá tu pareja es tan abierta y comprensiva que escuchar tus fantasías no solamente no le molesta sino que lo excita aún más. Si ése es tu caso, adelante. Como me contó mi amiga Adela, de 35 años: «Nunca imaginé que a un hombre se le pudieran contar los sueños sexuales con tanta franqueza. Con mi anterior pareja eso era algo impensable. Por eso comprendí enseguida que Fernando era el hombre de mi vida: le cuento todo lo que imagino, y no sólo no se enfada, sino que se excita aún más y me ama con más pasión». Debo reconocer que la situación de Adela se parece mucho al ideal que todas anhelamos. Una relación completamente franca y abierta donde se comparte absolutamente todo. Pero, por mi experiencia con los hombres, no te lances demasiado a tumba abierta por este terreno; generalmente son muy susceptibles y tienden a sentirse heridos si les cuentas que tuviste un orgasmo casi insoportable imaginando que tenías un romance en la playa con José Coronado.

## Juguetes y estímulos

El ser humano es el único animal que utiliza la fantasía para llegar al orgasmo. No necesitamos el estímulo visual para obtener satisfacción sexual porque nuestra mente es tan poderosa que puede sustituirlo. Sin embargo existen multitud de ayudas exteriores que potencian la imaginación, y en algunos casos producen o incrementan el placer.

En este apartado te voy a ofrecer una catálogo amplio —completo sería imposible—, de cosas que puedes utilizar, sola o con tu pareja, para excitarte, ayudarte a fantasear o, directamente, para provocarte el orgasmo. Empezaremos hablando de «juguetes» que pueden encontrarse en las tiendas especializadas.

**Bolas chinas.** Se trata de dos bolitas de metal unidas por un cordoncito de látex. Se introducen en la vagina y se mueven cada vez que lo hace la pelvis provocando una excitación muy peculiar y, en algunos casos, el orgasmo. Se pueden llevar puestas en cualquier situación, —¡ten cuidado porque en una reunión de trabajo, tus gestos de placer pueden delatarte! Son recomendables para las mujeres que tienen poco desarrollados los músculos vaginales, pues su movimiento los tonifica. Muchas veces están huecas y llevan dentro otra bolita más pequeña que choca contra las paredes de la grande al moverse y provocan, así, más excitación.

**Vibradores.** Los hay de todos los colores, formas e incluso sabores. Funcionan con pilas o con una batería que se carga en cualquier enchufe. Si nunca has tenido un orgasmo masturbándote, ¡corre a comprar uno en el primer sex-shop que encuentres! Comienza utilizándolo directamente sobre el clítoris y prepárate porque las sensaciones son indescriptibles. También se pueden usar en pareja y aplicarlos en distintas partes del cuerpo.

**Alargadores del pene.** Se les llama así porque son como un condón que en la punta llevan una especie de cresta que da la sensación de alargar el pene. Con esa pequeña protuberancia, el pene de tu compañero tiene un fácil acceso al punto G. Más largo o más corto, la sensación que te va a producir no podrás olvidarla nunca.

## Anillas retardantes

¿Tu pareja sufre de eyaculación precoz? Estas anillas metálicas se colocan en el pene y los testículos y consiguen que la erección dure mucho más tiempo. ¡Anímalo a usarlas! Tú disfrutarás más y conseguirás que él se sienta mucho mejor.

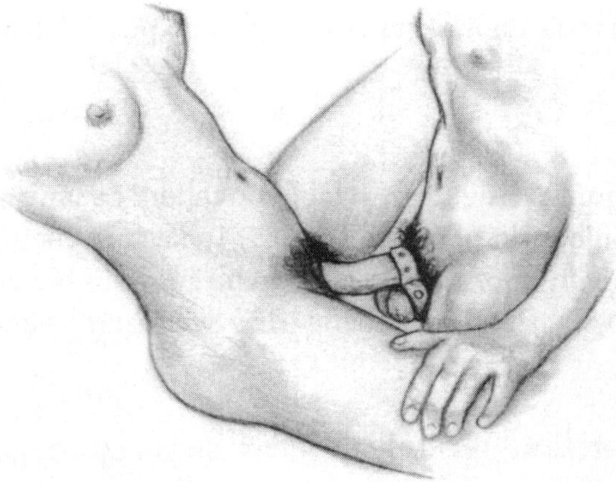

**Bragas con estimulador.** ¿Conoces esa especie de arneses que se ponen los alpinistas? Es algo parecido pero se usa para alcanzar otro tipo de cima. Se colocan debajo de las bragas normales y a la altura de la vagina tienen una pequeña protuberancia que roza el clítoris. ¿Te lo imaginas mientras das un paseo por el parque?

**Guantes de masaje.** Sí, como los que te pones para ir a la nieve, pero son de látex... ¡y vibran! Los puedes utilizar para la ducha matinal, para acariciarte tu sola, o se los puedes dejar a tu compañero para que te acaricie con ellos donde más te gusta.

**Condones.** Puede que no sean un instrumento de placer, pero, por muchos motivos, es muy recomendable usarlos en las relaciones de pareja. Los hay de todas las formas, colores y sabores que puedas imaginar. ¿Qué tal un poco de sexo oral con sabor a frambuesa?

**Bombas succionadoras.** Funcionan con pilas, o con una batería que se carga en la corriente eléctrica como un teléfono móvil. Se colocan sobre la vagina o el clítoris y ¡ya te puedes imaginar su efecto!

Hasta aquí los «juguetes». Hablemos ahora de otras «ayudas» externas ¿Sigues sin poder fantasear? ¿Todavía te cuesta trabajo imaginar que tu actor favorito te estrecha entre sus brazos o practica contigo el sexo oral? No tienes más que seguir leyendo

**Literatura erótica.** ¿Verdad que suena mucho mejor que pornografía? En nuestro mundo lo «políticamente correcto» es cada vez más importante. Sin embargo, no tengas miedo a llamar a las cosas por su nombre. Para hacértelo más fácil, y proporcionarte un recurso que puedas utilizar en tus conversaciones, vamos a diferenciar la literatura erótica de la pornografía. No es que una sea mejor que la otra. Se trata simplemente de que cada una tiene su papel y produce efectos diferentes dependiendo de las personas.

A lo mejor eres de esas mujeres a las que las historias románticas les resultan excitantes. Sobre todo si también contienen algo de sexo más o menos explícito. Existen gran cantidad de novelas que cumplen esos requisitos. Te voy a dar sólo algunos títulos que pueden resultarte interesantes: *El amante de lady Chatterley* de D.H. Lawrence, *Diarios* de Anais Nin y *Las edades de Lulú* de Almudena Grandes. Se trata de relatos no específicamente sexuales, aunque sí contienen bastante sexo, que pueden sugerirte muchos puntos de partida para tus fantasías futuras. A muchas mujeres la manera en que se describen los actos sexuales en estos relatos les resulta más excitante que las escenas de sexo explícito de una película.

Otro aspecto interesante de lo que podríamos llamar «literatura erótica» lo puedes encontrar en las revistas femeninas. Las fotos y reportajes de parejas desnudas haciendo el amor pueden resultar sugestivas, pero en nada comparables a los testimonios reales que publican muchas revistas. Leer las experiencias sexuales de los demás es algo irresistible. Te sorprenderá descubrir hasta qué punto te resulta excitante conocer los detalles íntimos de otras personas.

**Pornografía.** ¿No has oído siempre que la pornografía es cosa de hombres? A las mujeres, ver cómo varias parejas se intercambian ininterrumpidamente, sin dejar de practicar el sexo oral o la masturbación al mismo tiempo, les resulta desagradable... o, al menos, eso dicen. ¿De verdad has probado a ver la película pornográfica que ponen los sábados de madrugada? Los hombres lo hacen sin rubor. Incluso se reúnen en los bares para verla y estallar en risotadas de excitación... y de impotencia. Nosotras somos más refinadas, más sensibles y no nos gusta expresar de esa manera tan soez nuestros deseos. ¡Pero eso no significa que no nos excitemos! El estímulo visual es quizá el más poderoso a la hora de favorecer la excitación y, con ella, la consecución del orgasmo, ¿por qué no pruebas? Olvídate de los prejuicios. No pienses que es «cosa de hombres». Te aseguro que si te relajas y te pones frente a la pantalla con el ánimo dispuesto, te vas a poner como una moto, y no vas a poder evitar acariciarte hasta llegar al orgasmo. Ellos lo hacen, ¿por qué nosotras no?

Si tu pareja está de acuerdo, podéis probar a hacer el amor mientras veis una. ¿Te parece demasiado atrevido? A la mayoría de los hombres, aunque digan lo contrario, les resultan irresistibles las mujeres atrevidas. ¿Te imaginas la cantidad de posibili-

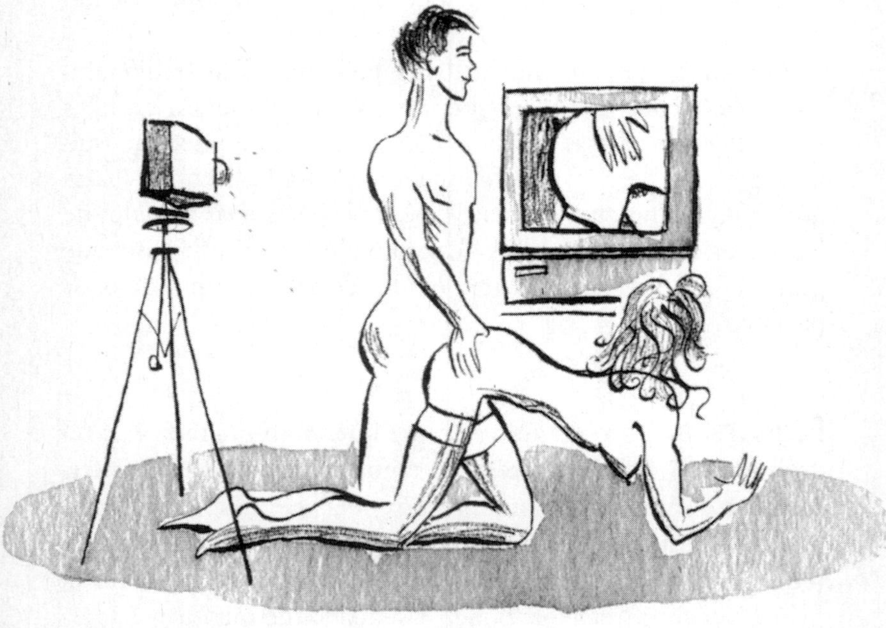

dades que se os abrirían a los dos? Incluso podéis jugar a hacer vuestra propia película pornográfica. No se trata de que lo grabéis en un vídeo, sino de que actuéis como si lo estuvierais haciendo. Verás, pones la cámara de vídeo de manera que enfoque la cama y la televisión enfrente para que podáis verla. Iluminad la escena de manera adecuada y empezad a actuar como si estuvierais en una de esas películas. Tú puedes estar allí echada como quien no quiere la cosa. Él entra en la habitación. Tú no lo esperabas pero te da mucha alegría verlo y se lo demuestras con un abrazo y un beso. Enseguida pasáis a mayores y él te va desnudando poco a poco. La cámara lo registra y os veis en la pantalla... lo que sigue lo dejo de tu cuenta, pero te aseguro que Sharon Stone palidecería de envidia.

## El gusto

La boca constituye uno de los orificios de entrada, y salida, de nuestro cuerpo. Por ella introducimos los alimentos, los líquidos, y también –¡por qué no!– el placer. Si cierras los ojos y te recorres el cuerpo, sin olvidar los genitales, con un helado de vainilla, o un poco de mermelada de melocotón –por ejemplo–, las exploraciones que tu compañero haga luego con su lengua en todas tus concavidades, resultarán mucho más excitantes y te acercarán más al orgasmo.

**Los sonidos.** Todos los sentidos juegan un papel importante en la excitación y el placer sexual. Recuerdo una canción que sonaba mucho cuando yo era adolescente. Se llamaba *Je t'aime, moi non plus* y en ella se oían de fondo los gemidos de una pareja haciendo el amor hasta llegar al orgasmo. ¡Cada vez que la escuchaba en una fiesta, tenía que salir corriendo al cuarto de baño! Consigue una grabación en la que se oiga algo parecido. Y si no te resulta fácil de conseguir, pon en marcha un radiocasete la próxima vez que hagas el amor con tu compañero o que llegues al orgasmo tu sola. Guárdala como oro en paño, porque si una tarde estás aburrida y no consigues excitarte, no tienes más que relajarte un poco y poner en marcha la grabación. ¡Sus efectos son fulminantes!

# ¡Chicos, esto es lo que nos gusta!

Este capítulo es para ellos. ¡Están tan convencidos de sus habilidades! Hablan de sus «hazañas» como si fueran supermanes. Y, sin embargo, ¡qué equivocados están a veces! Nos tocan los pechos como si estuvieran exprimiendo limones, o nos aprietan tanto que no nos dejan casi respirar. Vamos a echarles una mano. Les vamos a contar nuestros secretos, lo que nos gusta que nos hagan y cómo nos gusta. Por supuesto que no todas somos iguales y que a unas nos gustan unas cosas más que otras, pero estoy segura de que todas suscribiríais los consejos que les voy a ofrecer aquí. ¡Es tan sencillo en el fondo!

## Algunas ideas equivocadas

Cuando los hombres os juntáis en un bar tenéis dos temas de conversación: el fútbol y las mujeres. Si un extraterrestre se asomara a vuestras reuniones, pensaría que lo sabéis todo sobre lo que nos gusta y nos atrae de vosotros... salvo que el extraterrestre fuera una mujer. Resulta difícil de concebir tal cúmulo de disparates juntos. Casi todo lo que en esas charlas de café expresáis sobre lo que nos gusta a las mujeres, está tan cerca de la realidad como Tarragona del polo Norte. Menos mal que, en el fondo, sois mucho más sensibles de lo que aparentáis con los amigos, y, cuando os esforzáis, sabéis tratarnos de la manera adecuada.

De todas formas, vamos a darle un repaso a algunas de esas «teorías» que se suelen escuchar en las conversaciones de hombres y que tienen tanto que ver con la realidad como la velocidad con el tocino.

**El clítoris es el punto más sensible de las mujeres.** «Un hombre practica el sexo para sentirse bien; una mujer tiene que sentirse bien para practicar el sexo». ¿Comprendes la diferencia? Si piensas que con un par de besos y unos manotazos en el pecho ya todo está dispuesto para la penetración y para golpear el clítoris como si fuera una bola de golf, estás muy equivocado. Para que una mujer tenga una relación sexual plena, para que llegue al orgasmo con facilidad, tiene que sentirse deseada, es decir, sexualmente atractiva. Esa es la primera clave, ése es el punto más sensible: el sexo empieza en la mente, como ya hemos visto. El primer requisito para que una mujer te encuentre atractivo y desee hacer el amor contigo es que tú la encuentres atractiva a ella y seas capaz de hacérselo sentir. Te sorprenderá saber que si una mujer no se siente atractiva, nunca llegará al orgasmo contigo, por muchos apretones que le des en el clítoris.

**A las mujeres hay que dominarlas desde el principio.** No es mala idea si pretendes empezar la casa por el tejado. Pero si persistes en ella es probable que tardes bastante en tener una relación sexual gratis. Las mujeres desean ser tratadas de igual a igual en una relación sexual. A veces sentirse dominada es agradable... pero a veces no. Es mucho más importante ser capaz de transmitirle la seguridad de que no la consideras inferior en ningún sentido, que cualquier demostración de «hombría» que puedas imaginar. Si consigues que se sienta tratada como una igual, y sabes provocar la situación adecuada, es muy posible que «sentirse dominada» le resulte agradable y placentero. Pero no olvides que los papeles cambian, y ella puede sentirse en un momento dado como una «devoradora de hombres» capaz de «dominar» a cualquiera que se le ponga por delante.

## A las mujeres les gusta que vayamos **«directos al grano»**

Si hay algo que una mujer detesta es que vayas «directo al grano». Dale tiempo. Juega. Permítele que entre en situación de manera total. Los «preparativos» son esenciales para cualquier mujer. Mientras más tiempo les dediques, más placentera resultará la culminación. No olvides que una mujer necesita estar suficientemente lubricada para aceptar la penetración con gusto. Si te obsesionas con penetrarla lo más rápidamente posible, lo único que conseguirás será... que se cierre de piernas y te mande a paseo. Un juego muy erótico y excitante consiste en daros de comer mútuamente manjares afrodisíacos (como ostras, espárragos...) al estilo de la película *Nueve semanas y media*.

**El tamaño del pene es muy importante.** ¡Tan importante como si tu vecina se llama María o Federica! La parte más sensible de la vagina de una mujer está en los músculos que rodean el orificio de entrada y en el punto G. ¡Y el punto G está apenas dos o tres centímetros en el interior de la vagina! ¿Conoces algún amigo cuyo pene erecto no mida más de cinco centímetros? ¡Pues no necesitas más! De hecho, un pene demasiado grande puede llegar a tocar el cuello del útero y provocar dolor. La sensación de «plenitud» que piensas que proporciona un pene grande, se consigue con una posición adecuada. ¡Échale un vistazo al capítulo de las posturas!

**A las mujeres les gusta un coito «violento».** ¡Tú has visto demasiadas películas! En la vida real las cosas no suelen suceder de la misma forma que en la pantalla. Un orgasmo profundo, intenso, duradero, incluso múltiple, se consigue mucho mejor con movimientos acompasados, prolongados y suaves. Si en algún momento tu compañera desea un poco más de «violencia» deja que sea ella la que lo sugiera. ¡No seas torpe! Si estás atento, te darás perfecta cuenta de cuando ella desea que aceleres o aprietes un poco más. Pero si te dejas llevar únicamente por lo que piensas que le gusta, lo más probable es que te corras tan rápido que ella no llegue a notar la diferencia entre hacer el amor contigo y tropezar con el quicio de la puerta.

## Algunos consejos útiles

Poned atención porque ahora no voy a hablaros de lo que vosotros pensáis, sino de lo que a nosotras nos gusta de verdad. Tenéis ante vosotros una magnífica oportunidad. Si la sabéis aprovechar, es bastante probable que, a partir de ahora, tengáis más relaciones sexuales, más placenteras... y logréis, por fin, que vuestra pareja disfrute de verdad haciendo el amor con vosotros.

**Desnúdame con suavidad.** Arrancar la ropa a manotazos queda muy excitante en una película, pero en la realidad no es lo que nos gusta ni lo que nos pone más a tono. Nosotras preferimos disfrutar de un excitante preámbulo. Abrazos, caricias, besos, descubrir el cuerpo poco a poco... ¡ése es el secreto! Hacerle sentir que su desnudez te excita, que cada fragmento de su cuerpo que vas descubriendo aumenta tu deseo, que cada centímetro de piel que vas liberando de la ropa te resulta atractivo. Haz que lo sienta... ¡y díselo! Con suavidad, al oído, entre besos, caricias y arrumacos. Eso la hará, de nuevo, sentirse atractiva y deseada, aumentará su confianza y su sensación de seguridad y relax. Una mujer que no está relajada no puede llegar al orgasmo, y es difícil que se relaje si le arrancas la ropa de un tirón y te echas encima como si fuera un saco de patatas. Ayúdala a sentirse confiada. Recuerda: «una mujer tiene que sentirse bien para practicar el sexo». Sólo de esa manera consiguirá un orgasmo rápido y placentero.

**Bésame mucho.** Si quieres ser un amante ardiente y hacer que tu pareja se excite desde el principio, tendrás que esforzarte al besar. Cuando beses sé imaginativo, concéntrate en el roce de los labios y trata de sincronizar el movimiento de vuestras lenguas para que la compenetración sea total. Los besos actúan como bálsamo relajante al principio, llenándonos de seguridad y confianza; y como motor de arranque hacia el placer, a medida que crecen en intensidad. Empieza besando únicamente las comisuras de su boca; son altamente erógenas. Después, ofrécele el suave y tentador interior de tus labios en un beso profundo, íntimo y erótico. Mientras le besas, acaríciale el pelo y la nuca. Recorre con tu lengua sus encías y el borde de su lengua. Cuando hayas hecho todo el recorrido, muérdele los labios suavemente. Detente en medio de un profundo beso y suspira sin apartarte de su boca para que sienta el calor de tu aliento. Puedes aprovechar ese paréntesis para decirle lo atractiva y deseable que te parece.

## Soy atractiva y **deseable**

Nos gusta que nos acaricien el clítoris... pero no en el primer minuto. Ya has aprendido que el sexo empieza en la mente. Demuéstrale a tu compañera que es la más atractiva y la más deseable de las mujeres. Bésala con frecuencia. Llámala al trabajo para decirle que la adoras. Regálale flores sin ningún motivo especial. Abrázala con ternura cuando llegues a casa... aunque estés cansado. Dile que la encuentras más delgada y más atractiva. Es la mejor manera de conseguir que llegue al orgasmo. Don Juan no seducía a las mujeres porque tuviera el pene muy grande. Era irresistible porque las hacía sentirse únicas y deseables, porque sabía interpretar sus deseos y acercarse a lo que ellas deseaban, porque les escribía hermosas cartas de amor y continuamente ensalzaba su belleza. Ellas se le rendían casi de antemano. Se sentían atractivas, deseadas, únicas. Se iban a la cama con él... y disfrutaban de un intenso orgasmo. Porque, por lo general, un hombre que sabe tratar así a las mujeres, sabe también cuáles son los pasos a seguir en toda relación sexual y cómo tocar los puntos sensibles de su amante de la manera más diestra. Si sigues leyendo encontrarás algunos consejos prácticos también a ese respecto.

**Tómate tu tiempo.** Una buena técnica consiste en multiplicar por diez el tiempo que consideras necesario para que tu chica esté convenientemente excitada. No vale con cuatro achuchones y dos besos mal dados. El cuerpo de una mujer necesita tiempo, confianza y relax para mostrarse sensible a las caricias. La vagina tiene que cambiar de tamaño, tiene que abrirse, necesita estar convenientemente lubricada. El clítoris tiene que ponerse erecto, exactamente igual que tu pene, y necesita un tiempo para conseguirlo. Antes de llegar a la penetración, detente en cada parte del cuerpo de la mujer. En la boca y el rostro, en los pechos y el vientre, en los muslos y las caderas. Acaríciale cada una de esas partes con suavidad, dulzura y pasión. Bésala en cada rincón, que la penetración llegue sólo cuando ambos estéis casi desesperados porque así sea. Eso acelerará tu orgasmo... y también el suyo. Si lo haces así, los orgasmos serán tan intensos y profundos, que notarás cómo los vecinos te miran con más respeto en el ascensor por las mañanas.

**Interpreta las respuestas.** Si oyes que empieza a gemir, continúa con lo que estás haciendo y no pases rápidamente a otra cosa. Sigue siempre las sugerencias que te haga, ya sea de palabra —poco usual— o con gestos e indicaciones de las manos. Cuando sientas que levanta los muslos o aprieta tu cabeza contra ella con más intensidad, es que desea más presión. Si sus manos aprietan tus nalgas con movimientos rápidos e insistentes es que desea más velocidad. Y cuando sientas que su respiración se detiene y su cuerpo se tensa, o está llegando al orgasmo... o ha oído al bebé llorar en la habitación de al lado.

**Dime algo.** Nos gusta escuchar cómo disfrutas. Pero no sólo con gemidos. No tengas miedo a hablar. Cuéntale a tu compañera lo bien que te sientes. Dile cuánto placer te causa lo que estás haciendo. Con detalles. No te puedes ni imaginar lo excitante que le resulta a una mujer oír de labios de un hombre que está gozando como un loco, que ya no puede más, que está en el cielo, que si el placer sigue aumentando se va a morir. Muchas veces, las mujeres llegamos antes al orgasmo por escuchar cosas así de nuestra pareja que por mil caricias en el punto G.

## Una secuencia correcta

Imagina que ya estáis en la cama. La has desnudado con toda la suavidad y el tacto que te he aconsejado un poco más arriba. Ahora te voy a proponer una secuencia, un *timing*, para que ella tenga una experiencia sexual inolvidable. Si sigues mi consejo, cuando mañana te mires al espejo al afeitarte vas a cantar con más seguridad que Ricky Martin.

**Caricias y besos, caricias y besos.** Échate a su lado. Acarícíale el cabello. Con suavidad, con ternura. Bésale la frente y las cejas. Muchas veces. Con besos suaves, tiernos, sin apenas presión: un suave roce delicado y continuo. Una mano puede ir descendiendo con lentitud por el rostro, las parte de atrás de las orejas, el cuello y, muy delicadamente, alrededor de los pechos. Bésala en la boca, entreabriendo un poco los labios, como si «sumergieras» tus labios en los suyos. Deja que sea ella la primera en utilizar la lengua. Si lo hace, síguela, frótala suavemente con la tuya, introdúcesela en la boca un poco. Nada de llegarle hasta la campanilla; conseguirás que le entren náuseas y el encanto se rompa.

Concéntrate ahora en las orejas. No le introduzcas la lengua —¡no nos gusta que nos chupen el orificio del oído!—, más bien bésale suave y repetidamente la parte de atrás. Acarícíale el lóbulo con la lengua. Por delante y por detrás. Con suavidad.

Dirígete luego a los pechos. ¡Ojo con la violencia! Los pechos son extremadamente sensibles. Acarícíale los dos a la vez, de abajo a arriba y con movimientos un poco circulares, sin tocar los pezones... todavía. Comienza a lamerle suavemente un pecho, de

manera circular y desde la periferia hacia el centro. Llega con tu lengua hasta la aureola y detente allí algunos instantes. ¿La oyes gemir? Entonces continúa con lo mismo durante un rato. Luego pasa al pezón. Siempre en círculo y con suavidad. Intenta presionar un poco y siente su reacción. Es importante que sepas interpretar sus respuestas: si te acaricia la cabeza por detrás, aprieta un poco más. Notarás que sus pezones se ponen erectos. Chúpaselos con suavidad. Ella te hará saber hasta dónde debes presionar.

Después, y siempre lentamente y con suavidad, ve distribuyendo caricias y besos por el vientre, alrededor del ombligo ¡nunca dentro!, hacia las caderas, en las nalgas, en la parte interior de los muslos, el monte de Venus, los labios exteriores e interiores, el orificio de entrada de la vagina. Puedes introducir muy ligeramente un dedo si notas que está suficientemente lubricada. Pero sólo un poco. Recuerda que la parte más sensible de la vagina está en los alrededores de la entrada. Después puedes acariciar suavemente el clítoris. Ella te irá indicando la presión y el ritmo de las caricias. Pero, ¡cuidado!, no se trata de llegar al orgasmo. Estáis haciendo el amor, y todos estos besos y caricias forman parte del juego amoroso que provocará la excitación adecuada.

## Sexo **oral**

Ya sé que no a todos os gusta, pero si lo que pretendéis es que nos guste a nosotras, no lo dudéis un instante. Con mucha suavidad al principio pásale la lengua por los labios exteriores. Ábrele un poco la vagina con la mano y chupa dulcemente los labios interiores y los músculos del orificio de entrada de la vagina. Presiona con delicadeza la punta de la lengua sobre la entrada. Después ya puedes pasar al clítoris. La intensidad de la presión y el ritmo te los debe marcar ella. Te diré que cuando tú se lo haces a ella el sexo oral se llama *cunnilingus*, y cuando ella te lo hace a ti *felación*.

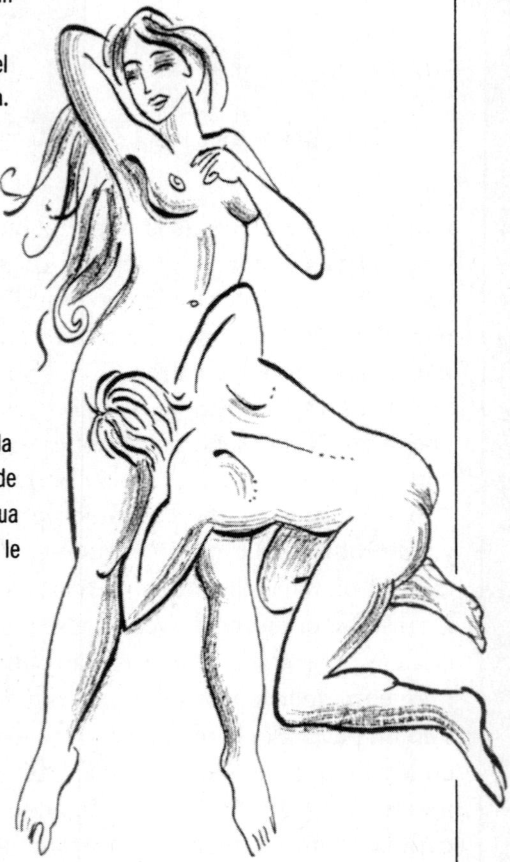

La posición para practicar el sexo oral puede ser muy variada. Te voy a sugerir dos: ella echada sobre la espalda con las rodillas ligeramente flexionadas y tú boca abajo con la cabeza entre sus muslos; tú echado de espaldas y ella «sentada» sobre tu cara, con las rodillas apoyadas en la cama y las manos apoyadas en el cabecero. Esta segunda posición facilita el movimiento de la mujer, y puede dirigir tu lengua al punto donde exactamente le gusta que la estimules.

Te diré como dato que el sexo oral es la manera más segura de que una mujer llegue al orgasmo. De hecho, algunas no llegan de otra manera con su pareja, aunque sí lo hacen con la masturbación.

**Caricias pene-vulva y penetración.** Ha llegado el momento de situaros en posición de llegar al coito. La penetración está cerca y el momento culminante también. Elige primero la postura en que vais a comenzar la penetración. O mejor, deja que sea ella la que decida. Llegados a este punto, ponerse de acuerdo es lo más fácil del mundo. Una vez colocados, y antes de penetrarla, acaricia sus genitales con la punta de tu pene. Si no estaba suficientemente erecto, se va a poner a punto de estallar. A estas alturas, la vulva de tu compañera estará lubricada como el motor de un avión, e igual de preparada para el despegue. Penétrala. Movimientos deben ser rítmicos, suaves y constantes. De vez en cuando detente un momento para continuar de nuevo. Prueba a estimularle el clítoris suavemente mientras te mueves. Ella te hará saber si le gusta. Susúrrale al oído lo que sientes. No te será difícil, simplemente déjate llevar. Olvídate de que eres un tipo duro y silencioso, y date el gusto de decirle cómo te sientes. Lo que viene después ya no te lo puedo decir, porque ni los mejores poetas han conseguido expresarlo. Pero si has seguido estos pasos a conciencia, te aseguro que, como dicen los franceses... ¡*chapeau*!

## Algunas técnicas concretas

Si has leído con atención este capítulo, no necesitas saber mucho más. Pero como os conozco y sé que os gustan los «detalles», os voy a proporcionar algunas técnicas concretas que llevarán a vuestra compañera al séptimo cielo... ¡o más allá!

- **Mientras le estás estimulando el clítoris con la lengua,** introdúcele dos dedos —sólo hasta la mitad— en la vagina, con un suave movimiento de adentro hacia afuera.

- **Contempla cómo se masturba y,** justo antes de que llegue al orgasmo, penétrala con suavidad. El orgasmo simultáneo está garantizado.

- **Utiliza una pluma** para acariciarle los genitales.

- **Coloca su clítoris** entre dos de tus dedos y estimúlalo, sin soltarlo, con movimientos circulares.

- **Coloca la palma de la mano** en su monte de Venus y, con un poco de presión, muévela arriba y abajo.

- **Introdúcele dos dedos en la vagina** alrededor de tres centímetros y presiona un poco hacia arriba. Tocarás el punto G. Muévelos suavemente de manera circular, ¡ya verás lo que te espera!

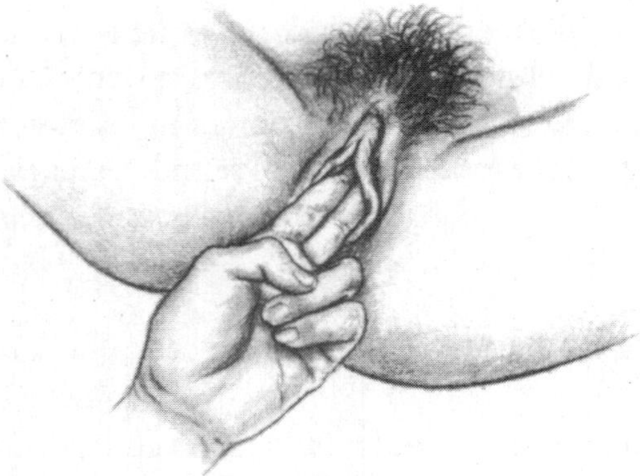

- Segrega toda la saliva que puedas. Puedes utilizar un chicle si quieres. Con la lengua muy húmeda, lame los alrededores del orificio de entrada de la vagina.

# El sexo y el temor

*«Nunca tuve problemas para llegar al orgasmo con la masturbación, pero el miedo a quedarme embarazada me cohibe tanto que casi nunca lo consigo cuando hago el amor con Ángel.»*

***Julia**, 22 años*

Durante siglos, la sexualidad y la procreación han estado unidas de manera inseparable. No existían métodos realmente eficaces para evitar el embarazo, así que cada vez que una mujer hacía el amor con un hombre corría el riesgo de quedarse preñada. Si estás deseando tener un hijo, este capítulo, de momento, no es para ti. Pero si no es ése tu caso, y si, como yo, eres de las que piensa que el sexo no debe servir sólo para la procreación, estarás de acuerdo en que, además y sobre todo, es una fuente casi inagotable de juego, placer y comunicación. Por eso, un conocimiento lo más amplio posible sobre los diferentes métodos anticonceptivos es esencial para poder llevar una vida sexual libre de miedos e inhibiciones. Se trata de disfrutar del cuerpo y tener orgasmos maravillosos. Recuerda que estar relajada y libre de tensiones es fundamental para tener orgasmos con facilidad. Así que sigue leyendo, entérate bien y elige el método que mejor se adapta a tu situación.

## El método anticonceptivo ideal

Lo realmente ideal de los métodos anticonceptivos es el hecho de que existan. Sólo desde su aparición, las mujeres podemos disfrutar del sexo con plena libertad. En cuanto a si uno es mejor que otro, resulta difícil dar una respuesta definitiva y, por otra parte, continuamente se hacen progresos y nuevos descubrimientos. El método más adecuado depende de cada persona y de cada situación. Vamos a dar un repaso a los más usuales para que tú misma puedas decidir cuál es el ideal para ti. O los ideales; en verdad, los ginecólogos recomiendan combinar algunos métodos para obtener la total seguridad.

**Condón.** Se habla mucho de revolución tecnológica y de cuánto ha cambiado la sociedad con los ordenadores, los móviles y todo lo demás. Pero la revolución más importante para nosotras sucedió el día en que descubrimos el condón. Ese globito maravilloso que el hombre se coloca antes del acto sexual —si está bien colocado y se ha controlado la fecha de caducidad— es seguro al 100 % porque los espermatozoides no llegan al útero. Además es único a la hora de prevenir las enfermedades de transmisión sexual. Tengo amigas que se quejan de que su tacto no es agradable, o de que es un engorro tenérselo que colocar justo antes de empezar. Y he conocido hombres que se resistían a usarlo (naturalmente, nunca llegamos a tener relaciones). Lo que cuenta es que existe, y es una gran solución. Incluso puede estimular el juego sexual: prueba a ponérselo tú misma, o elige condones con distintos sabores —¡Uhmm, una felación con sabor a frutas del bosque!—, o con esas pequeñas crestas en la punta que acarician zonas especialmente sensibles.

Existen también preservativos femeninos. Muchas mujeres los consideran una buena opción, sobre todo si no cuentan con una pareja estable.

**Diafragma.** Se trata de una especie de capucha de goma que la mujer se introduce en la vagina para taponar el cuello del útero. Debe utilizarse siempre acompañado de una crema espermicida. Es estupendo para algunas, pero tiene algunos inconvenientes. Si vas a mantener una relación sexual por primera vez con alguien a quien no conoces mucho —ese desconocido irresistible que se te insinuó en la discoteca— no es nada recomendable. En primer lugar, no es efectivo para prevenir las enfermedades de transmisión sexual, y además hay que ponérselo dos horas antes de mantener la relación. Otro inconveniente es que la primera vez te lo debe colocar un ginecólogo, y luego debes asegurarte de que te lo has colocado correctamente, porque una mala colocación puede anular su efecto. Sin embargo, tiene la ventaja de que no produce cambios hormonales en tu cuerpo. Por otra parte, te «obliga» a dos horas —¡¡dos horas!!— de juegos previos a la penetración. Si tu compañero está por la labor, los resultados de esas dos horas pueden acercarte al paraíso.

**DIU.** Estos pequeños objetos que el ginecólogo te introduce en el útero son asombrosamente eficaces; de hecho, son los anticonceptivos más recetados, sobre todo en las mujeres monógamas o de pareja estable. Te lo colocan y puede durarte puesto de cinco a diez años. ¡Como lo oyes! Si sufres frecuentes infecciones genitales o tienes reglas muy abundantes, no es aconsejable. Pero ofrece múltiples ventajas: no tiene los efectos secundarios de los métodos hormonales, no corta la relación sexual ni altera la sensibilidad y se ha comprobado que protege contra el cáncer cervical y de endometrio. Son muy seguros en lo que al embarazo se refiere, aunque no sirven para las enfermedades de transmisión sexual.

**Píldora.** Esta pastillita que hay que tomar todos los días, a la misma hora, consigue bloquear la ovulación en tu cuerpo, y por tanto no te puedes quedar embarazada. Resulta de una fiabilidad total. Si tienes periodos dolorosos, una temporada tomando la píldora puede venirte muy bien. La nueva generación de píldoras ha disminuido notablemente algunos efectos secundarios molestos, como aumento de peso o cambios de humor. Pero el mayor problema de este método sigue siendo el mismo: los eventuales «olvidos». Con una sola que te dejes de tomar, ya la seguridad no está garantizada. Existen diferentes tipos, por lo que resulta más que conveniente que sea el ginecólogo quien te indique cuál es el más adecuado para ti. Tampoco sirven para prevenir las enfermedades de transmisión sexual.

**Píldora del día después.** ¡Sólo para emergencias! Si no pudiste aguantar y mantuviste una relación sin utilizar ninguna protección, existe la posibilidad de tomar esta píldora dentro de las 72 horas posteriores al coito. Contiene una elevada dosis de hormonas que evita que el óvulo fecundado se implante en el útero. Te la proporcionarán en un ambulatorio. Pero ándate con ojo porque la cantidad de estrógenos y progesterona que contiene es muy grande, por lo que sólo debes utilizarla en casos de emergencia real.

**Ogino.** Consiste en tener relaciones sexuales «completas» —¿y quién desearía tenerlas incompletas?— sólo en los días no fértiles de la mujer, teniendo en cuenta que el período más fértil comprende cuatro días antes y cuatro días después del día catorce del ciclo. Otro modo de averiguarlo es mediante la temperatura vaginal, pero las diferencias de una mujer a otra son grandes y tomar la temperatura de la vagina, bastante engorroso. Por algo se dice que el mundo está lleno de «hijos de Ogino»...

**Inyección hormonal.** Se trata de inyectar en el organismo progesterona sintética, que evita el embarazo. La ventaja es que si tienes muchos problemas de memoria y se te olvida tomar la píldora todos los días, con este método sólo tendrías que acordarte de ponerte una inyección cada dos meses más o menos. El inconveniente es que puede tener algunos efectos secundarios como menstruaciones muy abundantes e incluso, a veces, aumento de peso.

**Implantes subcutáneos.** Un especialista te los coloca bajo la piel del brazo, y estos implantes actúan liberando progesterona. Duran cinco años, luego deben extraerse y reemplazarse. Muy pocas mujeres han presentado irritación cutánea o rechazo a este método, cuyo uso se extiende cada vez más.

**Parches anticonceptivos.** Son unos pequeños parches autoadhesivos de forma cuadrangular y del color de la piel, que se colocan en una zona del cuerpo no demasiado visible (en los brazos, los hombros, las nalgas o el abdomen). Funcionan como la píldora, con la ventaja de que sólo tienes que recordar ponértelos tres veces al mes, ya que se coloca uno por cada semana, y la cuarta se descansa. Si eres fumadora, mayor de 32 años, tienes sobrepeso o problemas circulatorios, este método no es para ti.

**Anillo vaginal.** Consiste en un aro de plástico flexible y transparente que se coloca como si fuera un tampón. Su gran ventaja, con respecto al diafragma, es que no necesitas ponértelo de una manera precisa, ya que actúa liberando hormonas que pasan directamente a la sangre a través de las paredes vaginales. Es un método práctico y eficaz, y sólo debes recordar ponértelo una vez al mes y quitártelo en la tercera semana.

**Ligadura de trompas.** Más que un método anticonceptivo es una decisión de por vida. Si ya has tenido los hijos que querías, o has decidido que ser madre no va contigo, ligarte las trompas es una solución definitiva al tema del embarazo. Ni los espermatozoides ni los óvulos pueden pasar, así que quedarse embarazada resulta imposible. La operación es sencilla, el inconveniente es que, en la mayoría de los casos, no hay posibilidad de marcha atrás. Si lo tienes muy claro, ésta puede ser una solución perfecta, pero yo te recomiendo que te lo pienses muy bien antes de hacértela porque la vida da muchas vueltas y nunca se sabe lo que puede depararnos el futuro.

**Vasectomía.** Para nosotras la vasectomía es perfecta porque no tenemos que hacer absolutamente nada. Es el hombre quien tiene que someterse a una pequeña operación para que los espermatozoides no lleguen al semen. La ventaja sobre la ligadura de trompas es que son ellos los que tienen que pasar por el quirófano y sobre todo que, si las circunstancias cambian, las posibilidades de éxito en caso de querer recuperar la capacidad de procrear son bastante elevadas. Pero si tienes una pareja estable y guardas la esperanza de tener uno o más hijos, debes descartar este método.

**Coitus-interruptus y otros mitos peligrosos.** Este «método», por demás singular, consiste en que el hombre se retira en el «momento justo» y eyacula fuera de la vagina. Por eso se le llama también «marcha atrás». Ellos suelen jurar y perjurar que sí van a hacerlo, que saben controlarse, que no te preocupes, pero... ¡Cuidado amiga! ¿Cómo puedes estar segura de que tu compañero va a ser capaz de «apearse» precisamente cuando más a gusto está? Por otra parte, el pene segrega antes de eyacular un fluido que puede contener esperma. Olvídate sin pensarlo de esta práctica tan arriesgada. También resulta peligroso tener relaciones durante la regla, ya que el esperma puede sobrevivir hasta cinco días, y si ovulas justo después de la regla, el embarazo es posible.

«¿Y si me hago un lavado vaginal después del coito, o me pongo en cuclillas para que el semen no llegue al óvulo?», me ha preguntado una amiga; otra me aseguró que una infusión de arándanos con ralladura de limón aplicada en emplasto después del coito era muy eficaz. Duchas vaginales, determinadas posturas, cocciones de todo tipo. ¡Patrañas! Nada de eso es cierto. Las mujeres lo intentaron durante siglos y nunca consiguieron resultados fiables. Si no quieres quedarte embarazada sólo tienes dos caminos: la abstinencia —¡ay!—, o utilizar alguno de los métodos que te hemos propuesto.

## Enfermedades de transmisión sexual (ETS)

En el mundo actual, donde las relaciones sexuales son —¡afortunadamente!— cada vez más libres y más frecuentes, y donde los cambios de pareja no son nada raros, tener algunas nociones sobre las ETS es absolutamente esencial. No pretendo ni por asomo meterte miedo. A estas alturas del libro, ya me conoces lo suficiente como para saber que soy de las que piensa que el sexo es algo maravilloso y que hay que intentar disfrutar al máximo. Sin embargo, un poco de información sobre las llamadas ETS te ayudará a mantener unas relaciones sexuales seguras y, por tanto, más libres y más placenteras.

Las ETS son enfermedades que se transmiten de una persona a otra por vía sexual. Sin embargo, y para tu tranquilidad, te diré que todas, absolutamente todas, incluso el sida —aunque éste de forma parcial—, tienen tratamiento y solución. De todas formas, lo mejor, tanto para evitar el embarazo como para evitar el contagio, es la prevención, y para ello sólo necesitamos poner un poco de atención y tomar las medidas necesarias. Es preciso recordar que, con excepción del condón, los métodos anticonceptivos no sirven para prevenir estas enfermedades. Sigue leyendo y te enterarás de cuáles son las ETS más usuales, cómo se llaman, cuáles son sus síntomas, cómo se tratan y cómo se previenen.

**Sífilis.** Conocida antiguamente como el «mal francés». Hoy en día está en franca regresión, pero durante siglos fue una enfermedad gravísima, capaz de provocar la locura y, en muchos casos, la muerte. La sífilis es producida por un virus denominado *Treoponema pallidum* que se introduce primero en la piel y luego en el flujo sanguíneo. El primer síntoma es una especie de llaga que sale en la vagina, el ano o la boca. Este «chancro», pues así se llama, aparece aproximadamente un mes después de haber mantenido la relación sexual. Como te digo, hoy en día es una enfermedad prácticamente erradicada y que además tiene un fácil tratamiento.

**Herpes.** Infección producida también por un virus. Los síntomas son una especie de ronchas que salen en la vulva o en el ano. Pican mucho y duele cuando se hace el amor, así que es bastante fácil de identificar. Además suele dar un poco de fiebre. El tratamiento específico depende del tipo de herpes, pero siempre es imprescindible que toda la zona genital esté muy limpia para que las llagas no se infecten.

**Gonorrea.** Está producida por una bacteria y sus síntomas son muy diferentes en la mujer y en el hombre. A los hombres que tienen gonorrea, o gonococia, les duele al orinar, y expulsan una especie de pus por el pene. En las mujeres, los síntomas son mucho más sutiles: un poco de escozor al orinar, el flujo un poco más espeso que de costumbre y de color más amarillento, y un poco de fiebre. Al igual que la sífilis, es una enfermedad que en nuestras sociedades, donde los hábitos higiénicos se han extendido tanto, ha desaparecido casi por completo. Se trata con antibióticos y no deja ningún tipo de secuelas.

**Hongos.** Es la más frecuente y la menos seria. Seguro que conoces a alguien que ha tenido hongos en alguna parte del cuerpo. Suelen aparecer cuando las defensas del organismo bajan por cualquier motivo, y producen algunas molestias: picores en la zona vaginal, flujo un tanto espeso y blanquecino que a veces forma una especie de grumos. Se puede contagiar por vía sexual, pero también por el uso compartido de ropa interior, toallas, o prendas que entren en contacto con los genitales. Una vez detectado se trata con facilidad y desaparece al poco tiempo. El tratamiento debe ser seguido por los dos miembros de la pareja, porque de otro modo se volverían a contagiar de inmediato.

**Sida.** Es la más reciente y también la más peligrosa de las ETS. Se contagia por la sangre, el semen y el flujo vaginal. Está producida por un virus que ataca el sistema inmunológico de quien la padece. Esto quiere decir que el virus va destruyendo las defensas del organismo. Habrás oído que algunas personas son «portadoras» pero no están enfermas. ¿Qué quiere decir ser «portador»? Pues que el virus del sida está en el organismo pero no ha comenzado a actuar. Esta situación puede durar años. ¿Recuerdas a un jugador de baloncesto al que llamaban Magic Jonson? Hace años que se declaró «portador» y todavía anda por ahí haciendo exhibiciones. Una vez que el virus empieza a actuar, las defensas del organismo caen en picado, y el enfermo es más susceptible de contraer todo tipo de enfermedades. Hasta hace poco el sida era una enfermedad mortal, pero hoy en día existen tratamientos bastante eficaces. No la hacen desaparecer pero la mantienen controlada y permiten que el enfermo pueda vivir muchos años con ella.

Tienes que tener muy claro que sólo se contagia de un modo muy preciso (por relaciones sexuales sin protección o intercambio de jeringas, generalmente). Todas las habladurías de que es posible contraerla por el agua de las piscinas, la saliva o los alimentos no son más que mentiras. ¡Los besos no suponen ningún riesgo!

Aunque el panorama parezca un poco desolador, en realidad el sida es muy fácil de prevenir. Si tu compañero utiliza un preservativo, el riesgo desaparece. ¡Así de fácil!

En general, el primer método preventivo, indispensable y previo a los demás métodos, consiste en mantener una higiene adecuada y visitar regularmente al médico. Los órganos sexuales no son distintos a las demás partes del cuerpo. Hay que tenerlos siempre limpios y en perfecto estado. ¡La oportunidad puede surgir en cualquier momento! Una ducha diaria, y un lavado en la zona genital con agua y jabón antes de acostarte son más que suficientes en circunstancias normales. Olvídate de los jabones especiales y de las sustancias extrañas. Agua del grifo y el mismo gel que utilices para el resto del cuerpo.

Es imprescindible que visites al ginecólogo cada cierto tiempo (dos veces por año como mínimo), para que revise «la máquina», realice los exámenes y controles necesarios y certifique que está plenamente dispuesta para «trabajar».

# Profundización

*«Mi relación con Ernesto es magnífica. Hacemos al amor con frecuencia y siempre llego al orgasmo, pero a veces me pregunto: ¿Esto es todo?, ¿por qué no probar algo más?'»*

**Miriam**, 35 *años*

A estas alturas, ya sabes qué hacer para disfrutar de orgasmos placenteros. Sin embargo, el mundo del sexo es amplio, rico y variado y sus horizontes no tienen fin. En este capítulo te propongo algunas técnicas más «exóticas» para explorar las variedades del placer. Como en el deporte, o en el arte, también en el sexo se puede llegar más lejos, más fuerte y más alto.

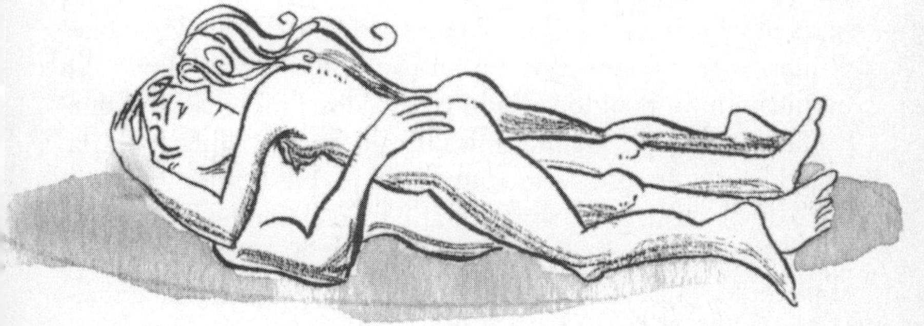

## Orgasmos múltiples

Cualquier mujer que ha tenido un orgasmo sueña con la posibilidad de tener varios consecutivos. De hecho, muchas mujeres no quedan satisfechas si no alcanzan el clímax al menos dos veces durante una relación sexual. En experiencias de laboratorio algunas mujeres han constatado que se puede llegar a tener 5, 10, ¡y hasta 25 orgasmos! separados por breves intervalos de tiempo. Quizá esto último sea demasiado pedir... Pero, ¿por qué no intentarlo? Si con un solo orgasmo no te sientes realizada, estas páginas te mostrarán el camino para tener más.

**Primer paso.** La clave para experimentar orgasmos múltiples es el control de los músculos de la zona genital. Está demostrado que la habilidad de una mujer para contraer y relajar estos músculos abre las puertas para alcanzar el clímax más de una vez. En una ocasión, asistí a un espectáculo erótico —sí, a mí también me atraen esos *shows*—, en el que una mujer se fumó un cigarrillo con la vagina. Tal como lo oyes. Era tal el control que ejercía sobre sus músculos que aspiraba el humo y lo expulsaba como si lo hiciera con la boca, ¡con la ventaja de que nunca le daban ataques de tos!

Recuerda los «ejercicios vaginales» que te sugería en el capítulo 1. Y trata de contraer y relajar los músculos de la vagina hasta que llegues a sentirlos. Puedes ayudarte usando las «bolas chinas» que mencionamos en el capítulo de los juguetes. O empleando un pepino (pelado y cuidadosamente lavado) que no sea demasiado grande: introdúcelo en tu vagina hasta la mitad y trata de sostenerlo contrayendo los músculos. Con un poco de práctica, lograrás aguantarlo todo el tiempo que desees y expulsarlo después con bastante fuerza. Cuando seas capaz de contraer los músculos durante el tiempo que quieras y luego soltarlos, habrás dado el paso más importante para conseguir orgasmos múltiples.

**Segundo paso.** Si ya has conseguido un control razonable de tus músculos genitales, ha llegado la hora de aprovecharlos. Cuando estés haciendo el amor con tu compañero, utilízalos para presionar y soltar su pene respetando el ritmo de sus movimientos. ¡No te asustes si sus gemidos estremecen las ventanas! Sigue adelante hasta que sientas que se acerca tu primer orgasmo. Cuando estés a punto de llegar, relaja los músculos y pídele a tu compañero que se detenga. No que saque el pene de tu vagina, sino que deje de moverse, hasta que la sensación del orgasmo desaparezca. En ese momento, pídele que vuelva a moverse y retoma las contracciones hasta que otra vez sientas que se acerca el orgasmo. Un instante antes, ¡vuelve a parar! Sé que no es fácil, pero la recompensa realmente merece la pena. Comienza de nuevo con los movimientos y cuando estés a punto de llegar al clímax, déjate ir pero contrae los músculos con todas tus fuerzas. Las contracciones naturales del orgasmo se unirán a esta presión voluntaria y tendrás el orgasmo más largo y profundo de tu vida. Con un poco de práctica, se prolongará hasta durar más del doble que un orgasmo normal.

Si tu compañero aún no se ha corrido, ¡pídele que se siga moviendo! Ni más rápido ni más lento que antes. Al principio tal vez no sientas nada, pero al cabo de dos o tres minutos, notarás que la sensación orgásmica vuelve a aparecer. ¡Aprovéchala! Contrae los músculos todo lo que puedas y disfruta. ¿Qué hasta cuando se puede seguir así? Pues hasta que sientas que ya no puedes más. O hasta que tu compañero se desmaye de placer por las contracciones de tus músculos.

## Orgasmo simultáneo

*«Yo sabía lo que era tener un orgasmo, y me daba una sensación de plenitud y de intenso placer. Pero cuando conseguí alcanzar uno al mismo tiempo que mi pareja sentí que el universo me daba un abrazo.»*

***Mónica**, 27 años*

Con un poco de técnica puedes conquistar orgasmos largos, múltiples e intensos, pero, ¿no sería aún más hermoso experimentarlos al mismo tiempo que tu compañero? Probablemente éste sea el mayor placer que podemos experimentar en este mundo. Si el cielo existe, debería ser algo así. Sí, el sexo es placer, diversión, juego. Pero también consiste en compartir y comunicarte con tu pareja, en «fundirte» con ella. No conozco nada más sublime y profundo que esta sensación. Perdona que me ponga poética, pero me faltan las palabras.

Si has practicado las lecciones anteriores, seguramente ya conoces esa emoción inexpresable. Ahora se trata de que aprendas a hacerlo siempre que quieras. No todas las relaciones sexuales son iguales y tal vez no siempre te apetezca llegar al clímax al mismo tiempo. Lo interesante es controlar la situación y conseguirlo cuando desees. ¿que lo deseas siempre? Pues presta atención.

**Primer paso.** El secreto para tener un orgasmo sincronizado con tu compañero es conocer tus propias sensaciones. Por lo tanto, lo primero que debes hacer es estudiarlas paso a paso tú sola. Quizá creas que conoces qué ocurre en tu cuerpo cuando el clímax está a punto de llegar. No te fíes. La respuesta sexual está llena de matices y sutilezas que hacen diferente cada relación. ¡Y por eso mismo cada una es tan excitante!

El primer paso consiste en identificar las etapas que atraviesa tu cuerpo cuando te excitas, sin importar la situación, el lugar o el día de la semana. Estudia cada una de estas fases, como si estuvieras siguiendo un plano detallado de una ciudad para llegar al lugar exacto de una cita. ¿En qué momento preciso se lubrica tu vagina? ¿Cuándo se acelera tu respiración? ¿Cuándo empieza ese cosquilleo intenso en los genitales? Si recuerdas el capítulo 1, tu cuerpo pasa por tres etapas distintas hasta llegar al orgasmo. Estudia estas etapas por tu cuenta, disfrutando cada una mientras te estimulas. Trata ahora de dividirlas en secuencias más cortas para controlarlas mejor. Aunque estas secuencias dependen de cada persona, te propongo que identifiques estos siete momentos en el camino:

1. Sientes deseo y comienzas a excitarte.
2. Tu vagina ya está bien lubricada.
3. Empiezas a gemir.
4. Cosquilleos, gemidos fuertes.
5. Sensación de placer en la zona genital.
6. Ya casi has llegado.
7. El orgasmo.

A cada una de estas fases puedes ponerle un nombre para que te resulte más fácil recordarlas. Familiarízate con ellas hasta que las tengas perfectamente identificadas. Sé que parece difícil, artificial e imposible pensar en etapas y secuencias mientras tu cuerpo se sacude de placer. Pero sigue mi consejo. Inténtalo, tómatelo como un juego. Al cabo de algunas sesiones, leer el plano de tus sensaciones será mucho más fácil que seguir las indicaciones de un guardia urbano. Y los resultados realmente te sorprenderán.

**Segundo paso.** ¿Ya has establecido cuáles son las etapas que atraviesa tu cuerpo para llegar al orgasmo? ¡Bravo! Ahora trata de aprender a controlarlas, pasando de una a otra en orden y sin saltarte ninguna. Es un simple ejercicio de concentración: focaliza tu atención en cada momento y trata de no pasar al siguiente hasta que tú misma lo decidas. ¿Que al llegar a la etapa 3 ya no estás excitada? ¡Recurre a tus fantasías para excitarte otra vez! ¡Muévete más rápido! ¡Jadea más fuerte! ¿Que siempre te saltas la etapa 6? ¡Piensa en otra cosa! ¡Relaja más los músculos! Verás que es divertido y excitante. Y te ayudara a conocerte y a disfrutar con más intensidad. Muy pronto controlarás por completo las fases de tu excitación, sabrás en qué punto exacto te encuentras y cuándo y cómo pasar al siguiente.

**Tercer paso.** Ha llegado el momento de la verdad. El momento de compartir tus nuevos conocimientos con tu compañero. Cuéntale lo que has descubierto y anímalo a que haga lo mismo. Como ya sabes de qué se trata, puedes guiarlo un poco al principio. ¿Sabes lo emocionante que puede llegar a ser controlar entre los dos vuestros niveles de excitación? Con un poco de práctica encontraréis en este juego una fuente inagotable de placer. Es importante que el número de niveles sea igual para los dos. Así sabréis en todo momento cómo van las cosas.

Una vez localizadas y controladas las etapas del camino, haced el amor teniendo en cuenta lo que sabéis. Quizá no funcione al primer intento, ni al segundo, pero ¿qué importa? No es un ejercicio como levantar pesas o hacer abdominales. Los dos iréis perfeccionando el sistema, y seguiréis disfrutando mientras tanto. ¿Qué mejor manera de aprender algo? Al principio, quizá le susurres, ¡estoy en el 4!, y a él le dé ataque de risa y se precipite del 5 al 2. ¡Ayúdalo a volver al 5 lo antes posible! Ya sabes lo que le gusta, así que ¡hazlo! Con el tiempo aprenderéis a interpretar las señales de cada uno, y bastará que aprietes la cabeza contra la almohada para que él entienda que el 6 está a punto de llegar. O comprenderás que cuando te besa así está cerca del 7. Parece difícil pero sólo se necesita confiar en el otro y practicar. Y como la práctica es tan agradable, no os costará demasiado repetirla una y otra vez ¡Hasta que el cuerpo aguante! Cuando lleguéis justo al mismo tiempo al orgasmo, comprenderéis hasta qué punto ha merecido la pena. Y nunca olvidaréis lo divertido que fue practicar.

## Orgasmo tántrico

*«Para mí el sexo siempre fue una actividad muy física. Claro que sentía emociones y amor, pero eso no me parecía lo fundamental, hasta que conocí a Felipe, que acababa de llegar de la India.*

*Empezó a hablarme del espíritu y la verdad me resultó un poco aburrido. Pero cuando hicimos el amor, ¡me encantó!»*

***Marisa**, 34 años*

Todo lo que viene de Oriente tiene un misterio especial. El Yoga, la energía Kundalini, el Kamasutra. De hecho hay un dicho latino que dice *Ex orient, lux*: «la sabiduría viene de Oriente». ¿Que de qué sirve esta sabiduría, ya metidos en la cama? Si te animas a experimentar con el sexo tántrico, tú misma lo comprobarás. Es importante que compartas estas experiencias con alguien de toda tu confianza, que tenga ganas de experimentar cosas nuevas y adentrarse en terrenos desconocidos.

De acuerdo con el Tantra, el sexo tiene un fuerte componente espiritual. Y el objetivo de hacer el amor es alcanzar un orgasmo cósmico y crear un círculo de energía que eleve a los amantes por encima del mundo material, camino del éxtasis y la perfección. No suena mal, ¿verdad? Intenta una sesión de sexo tántrico con tu pareja un fin de semana.

**Paz y armonía.** Vais a necesitar tiempo y tranquilidad, así que aseguraos bien de que nadie va a molestaros. Desconectad el teléfono y apagad las luces. Unas cuantas velas —preferiblemente rojas— servirán para crear el ambiente adecuado. También podéis quemar una varita de incienso si os gusta. Acabados los preparativos, echaos desnudos en la cama sin que vuestros cuerpos se toquen. Comenzad a acariciaros con suavidad por todo el cuerpo, incluyendo los genitales pero sin intención de excitaros mutuamente. ¡Ojo, esto es lo más importante! No empieces a pensar que te gustaría hacerle esto o lo otro a tu pareja, o que preferirías que él te besara con pasión o te acariciara los pechos. Hay que tratar de mantener la mente en blanco. Al cabo de un rato, las caricias acabarán por excitaros solas. La energía sexual empezará a recorreros desde la zona genital hasta un punto que se encuentra en el centro justo del cráneo donde se concentra la *Kundalini*, la energía más refinada y pura que existe. Si estás ya lubricada y tu compañero tiene una erección imponente, vais por buen camino. Sin embargo, ¡nada de efusiones! Todavía os falta armonizar la respiración. Concéntrate en tu respiración y piensa que tomas el aire por la vagina y lo expulsas por la boca, mientras tu compañero imagina que aspira el aire por la boca y lo expulsa por el pene. Si el círculo de la energía sexual empieza a envolveros, no os dejéis arrastrar. Cuando vuestra respiración ya esté armonizada, tu vagina lubricada y su pene erecto, será el momento de la penetración. En una postura confortable, deja que tu pareja introduzca la mitad del pene en tu vagina.

**Quietud y éxtasis.** A estas alturas, es probable que sientas deseos de empezar a moverte como una loca. Sin embargo, en el sexo tántrico la quietud es fundamental. Ni tu compañero ni tú debéis moveros. Permaneced en la misma posición, con la mitad de su pene en tu vagina, miraos a los ojos y continuad con la visualización expuesta más arriba: tomas el aire por la vagina y lo expulsas por la boca, tu pareja lo toma por la boca y lo expulsa por el pene. Aguantad así todo el tiempo que podáis. El único movimiento permitido es el que seáis capaces de realizar con los músculos genitales, pero sin que las caderas intervengan para nada. Estáis envueltos en el círculo de la energía sexual, la energía primordial y creadora. Cuando te des cuenta, tendrás uno de los orgasmos más profundos de tu vida.

## Sexo anal

*«Me encanta practicar el sexo anal con mi pareja. Es una sensación completamente diferente y me hace sentirme salvaje y capaz de cualquier cosa.»*

**Patricia**, 37 *años*

No a todas las mujeres les gusta practicar el sexo anal. Las connotaciones que esa parte del cuerpo tiene para la mayoría de nosotras no son precisamente muy sexuales. Sin embargo, conozco muchas mujeres que lo practican y lo disfrutan. Los músculos que rodean el ano son extremadamente sensibles y estimularlos puede provocar un placer intenso e inesperado.

Si nunca antes has practicado el sexo anal, es conveniente ir paso a paso. No es recomendable entregarse a un arrebato brusco de pasión, porque entonces te puede hacer bastante daño. Lo mejor es empezar en una posición relajada y cómoda. Échate de costado en la cama y flexiona un poco la cintura para ofrecerle las nalgas a tu pareja —¡Menuda proposición!— Utiliza algún lubricante que no contenga alcohol para evitar irritaciones. Tu compañero debe empezar acariciándote la vulva y el clítoris y luego las nalgas hasta que estés excitada. Luego, con un dedo muy bien lubricado, puede acariciarte los alrededores del orificio anal, lubricando bien toda la zona. Ten presente que los músculos del ano son mucho más fuertes que los de la vagina y no están acostumbrados a abrirse con facilidad. Cuando te parezca que estás preparada, dile que prosiga e introduzca un dedo hasta la segunda falange y empiece a moverlo con delicadeza. El siguiente paso es la introducción de un segundo dedo. Con suavidad, tu pareja puede ir moviendo ambos dedos de adentro hacia afuera durante un rato. La primera vez, podéis dejar las cosas así y alternar con un rato de sexo oral, por ejemplo hasta llegar a la etapa 4 (¿recuerdas?), y disfrutar luego de un largo orgasmo simultáneo.

En sesiones posteriores podéis ir avanzando un poco más. Después de acariciar la zona e introducir los dos dedos (¡no olvidéis nunca el lubricante!), tu pareja puede acercar su pene. Al principio, debe introducir sólo la punta y quedarse quieto. La sensación será nueva y extraña y posiblemente te dé un poco de miedo. Espera hasta sentirte cómoda. Sólo entonces, dile que continúe. ¿Hasta dónde? Hasta donde tú digas. Tengo amigas que pueden admitir penes enormes dentro de su ano, mientras que otras son extremadamente sensibles y enseguida sienten dolor. Sólo tú puedes saber hasta dónde admite tu cuerpo ser penetrada. Llegado a este punto, tu compañero puede empezar a moverse con suavidad. Si está bien lubricado, sentirás una fuerte excitación y deseos de que te acaricie el clítoris. Puede hacerlo él o puedes hacerlo tú misma. Con un poco de práctica, conseguirás un orgasmo intenso y diferente.

**Algunas preguntas usuales.** El sexo anal es una práctica relativamente poco frecuente y por eso es normal que surjan dudas. Desde luego no es algo desviado o incorrecto y si te resulta excitante y placentero, no dudes en practicarlo. Siempre que te apetezca. Muchas mujeres que conozco me han hecho preguntas al respecto, éstas son algunas de las más frecuentes:

- **¿Por qué les gusta a casi todos los hombres?** Querida, a los hombres le gusta meterla en cualquier parte, por la sencilla razón de que estimulan la parte más sensible del pene, situada en la parte de abajo del glande y consiguen llegar al orgasmo con facilidad.

- **A mi pareja le gusta que le introduzca el dedo en el ano cuando va a llegar al orgasmo, ¿significa eso que es homosexual?** En absoluto. Como ya te dije, los músculos que rodean el ano son muy sensibles y muchos hombres, y también muchas mujeres, sienten gran excitación al ser penetrados por ahí. De hecho, en los *sex-shops* venden unos «conos anales» que no sólo compran los homosexuales.

- **¿Hace daño?** Si sigues los consejos que te he dado hace un momento, no. Ahora bien, es imprescindible que lo practiques con un hombre en quien tengas plena confianza, sobre todo al principio. Una penetración demasiado brusca puede llegar a ser bastante dolorosa. Es fundamental que lo haga con delicadeza y siguiendo tus indicaciones de parar cuando te moleste.

- **¿No es un poco «sucio»?** Como he repetido varias veces a lo largo de este libro, los únicos límites que tiene la sexualidad son los que tú misma te pongas. ¿Sucio? ¿Y a quién no le gusta sentirse un poco sucia, *salvaje* o *animal* de vez en cuando?

- **¿Qué es un beso negro?** Bueno, esta pregunta no es tan habitual, pero ya que me la haces, te diré que un beso negro consiste en practicar el sexo oral... en el ano.

## Variaciones y variantes

*«A mí me encanta hacer el amor, y Daniel es estupendo en la cama... Pero lo que de verdad me vuelve loca es hacerlo en la playa, detrás de una duna y sabiendo que hay gente cerca que podría sorprendernos»*

***Laura**, 35 años*

Te lo repetiré una vez más: ¿límites? Sólo los que tu propia imaginación sea capaz de poner. La sexualidad es prácticamente ilimitada. ¿Quieres encontrar nuevos caminos para disfrutar con el sexo? ¿Deseas «profundizar» en la relación sexual con tu pareja?. Ya hemos repasado un buen número de alter-

nativas al típico coito «marital» de diez minutos, pero, por supuesto, el catálogo no está ni mucho menos acabado. Explora cosas que se salgan de la rutina. Por ejemplo, si siempre te duchas antes de hacer el amor, vete a la cama después de tomar el sol durante horas, cuando el sudor ya te resbale por la entrepierna y tus pechos parezcan bañados en aceite de oliva. Si te gusta el sexo lento y reposado, practícalo cuando tengas diez minutos para no llegar tarde al trabajo. Si lo haces siempre en tu habitación, ¿por qué no probar en la cocina o el cuarto de baño? Una amiga solía decirme que su marido era poco fogoso y parecía aburrirse con el sexo. Solían hacer el amor antes de dormir o si no antes de levantarse los fines de semana. Una noche, lo despertó acariciándole el pene a las cuatro de la madrugada. Desde entonces, cada vez que hablamos de nuestras respectivas relaciones sexuales, mi amiga suspira y mira al infinito.

Un poco de curiosidad, una actitud abierta y una gran confianza en tu pareja bastan para profundizar en el sexo. Prueba algunas de estas ideas cuando te apetezca innovar en tus encuentros sexuales:

- **Alquila una película pornográfica** y apréndete el guión. Suelen ser muy simples y no te costará mucho trabajo. Cuando tu pareja llegue a casa, pónsela en el vídeo e intentad reproducir el argumento.

- **Explora el orgasmo tántrico:** probad siete penetraciones hasta la mitad del pene de corta duración. Luego una larga y profunda.

- **Espérale desnuda** a que llegue del trabajo. Es una forma provocativa y excitante de llamar su atención sexual.

- **Pídele que vuelque** una copa de cava sobre tu clítoris. Lo que sigue, te lo puedes imaginar.

- **Jugad con un cubito de hielo** que empieza a derretirse. Os podéis frotar con él, y luego pasar la lengua por donde más os apetezca.

- **Untaos los genitales** con un helado de vainilla y probad a hacer un «sesenta y nueve».

- **Jugad al** «todo está permitido menos la penetración» hasta que los dos lleguéis al orgasmo.

# Dudas, preguntas y testimonios

¿Se te va la cabeza a otro sitio cuando haces el amor? ¿Tu pareja llega al orgasmo con tanta rapidez que apenas le da tiempo a llegar al coito? ¿Te gustó cuando te ató las manos a la cama pero tienes miedo de que sea una perversión? ¿No sabes exactamente cómo se contagia el sida? Si todavía tienes dudas y preguntas, o no acabas de sentirte satisfecha con tus relaciones, éste es tu capítulo.

## Dudas y preguntas

**Eyaculación precoz.** *«Mi pareja llega al orgasmo casi enseguida, apenas puedo tocarle los genitales y ya está tan excitado que eyacula incluso antes de la penetración, ¿qué puedo hacer?»*

Tu caso es mucho más frecuente de lo que piensas. Los hombres tienen el sexo en la mente casi todo el tiempo y a veces basta una mirada insinuante para que se estremezcan de placer. Eso les hace sufrir bastante. Y también acabamos sufriendo nosotras. Por fortuna, tiene remedio. Si consigue penetrarte antes de eyacular, podéis emplear la técnica de la «pausa»: se trata de detener los movimientos unos segundos antes del clímax, sin sacar el pene de la vagina. Al cabo de un rato, podéis comenzar a moveros de nuevo con delicadeza. Si el caso es tan serio que eyacula antes de la penetración, debéis utilizar la técnica del «apretón»: cuando esté a punto de eyacular, sujétale el glande y presiónalo con firmeza en la parte inferior para cortar el flujo del semen. Es posible que pierda la erección, pero la recuperará enseguida. Con un poco de práctica, conseguirá controlar mejor sus eyaculaciones. Y estaréis ambos más felices y satisfechos.

## Sumisión

*«Cuando Felipe me propuso atarme las manos para hacerme el amor, no me acabó de convencer la idea. Accedí porque él prometió comportarse de forma delicada... Y he de decir que fue toda una delicia estar inmovilizada mientras recibía sus caricias. En otra ocasión fui yo la que le até a él... Fue una experiencia superexcitante tener a mi chico totalmente disponible a mis deseos. Le vendé también los ojos... y todavía me estremezco al recordar sus gemidos de placer.»*

Como he repetido varias veces, cualquier manifestación del sexo es tan válida y natural como las demás. No es muy aconsejable que te dejes maniatar por el primer aparecido. Pero si confías en tu pareja y estás segura de que no irá demasiado lejos sin pedirte antes permiso, ¡practicad todo lo que os pida el cuerpo!

**¿Disfruta conmigo?.** *«Mi pareja siempre llega al orgasmo cuando hacemos al amor, pero a veces no estoy segura de si lo disfruta. Preguntárselo me parece un poco violento.»*

Te aconsejo que inviertas los términos de la pregunta: ¿disfrutas tú con él?. A menudo las mujeres le damos demasiada importancia —o toda— a si el hombre disfruta o no ¿No crees que si hace el amor contigo cada vez que puede tiene que gustarle? A pesar de sus alardes, los hombres son bastante tímidos a la hora de hablar de sexo con las mujeres. Y tienden a quedarse callados durante y después de hacer el amor. Algunos se sentirían incluso humillados si reconocieran que han disfrutado como nunca. En este caso, te recomiendo que recurras a indirectas bastante directas: la próxima vez que hagáis el amor, dile lo maravilloso que te ha parecido y lo buen amante que es. Entra en detalles, háblale de lo bien que te sentiste cuando te acarició así los pechos. Con suerte, él podrá expresarse también con más libertad..

**Vibrador.** *«Varias amigas me han hablado de lo excitante que es usar un vibrador, pero a mí me sigue dando vergüenza.»*

¿Y por qué te da vergüenza? El vibrador es un aparatito absolutamente inofensivo que sirve para pasar momentos deliciosos. Conozco a muchísimas mujeres que lo utilizan y se masturban a plena satisfacción. No hace apenas ruido, no mancha, no se cansa en el momento deseado... ¡es un sueño! Sólo te recomiendo que no lo utilices para la penetración. Es más placentero estimularse con él el clítoris y otras partes del cuerpo. Busca uno más bien pequeño para poder llevarlo en el bolso sin problemas. Si tienes confianza con tu pareja, proponle que lo utilicéis al hacer el amor. Cuando llegue el momento de la penetración, colócate encima de él y mientras os movéis con su pene dentro de la vagina, dile que te acaricie el clítoris con el vibrador. ¡Después no vas a querer hacer otra cosa!

**Síndrome premenstrual.** *«En los días previos a la menstruación no me apetece hacer el amor. ¿Estoy enferma?»*

Muchas mujeres incluso se sienten un poco raras en los días previos a la menstruación. Algunas sienten el pecho hinchado y se notan más irritables de lo habitual. Si durante esos días no te apetece hacer el amor, intenta mantener relaciones sexuales que no incluyan la penetración. El sexo oral o la masturbación pueden proporcionarte orgasmos más placenteros. Y te aseguro que tu vida sexual se enriquecerá. Habla con tu pareja del asunto. Acarícialo y guía su mano hacia donde más te guste.

**SIDA.** *«Yo pensaba que era imposible contraer el sida practicando el sexo oral, ¿estoy equivocada?»*

Sí, estás equivocada. El sida se puede transmitir a través la sangre, el semen y el fluido vaginal. Así que si le practicas una felación a tu pareja y su semen te cae en la boca, existe riesgo de contagio. Ocurre lo mismo si él te hace un *cunnilingus*: tu fluido vaginal llegará hasta su garganta. Lo recomendable con el sida es que tanto tu compañero como tú os hagáis la prueba. Se trata de un simple análisis de sangre y en cualquier hospital os la harán gratis. En los tiempos que corren, es necesario estar seguro. Y, por lo mismo, usar siempre un preservativo si haces el amor con desconocidos. El sexo es para disfrutarlo y ninguna sombra de sospecha debe oscurecer el horizonte.

**Cambios de postura.** *«Mi pareja me pide que cambiemos de postura muchas veces mientras hacemos el amor. Y casi siempre se me pasa la excitación con tanto cambio. ¿Qué hago?»*

¡No eres la única! Los hombres piensan que nos impresionan con cambios de posturas y coreografías. Y están convencidos de que así nos resultan más deseables. No tiene nada de particular que te distraigas antes esos despliegues de habilidad. Ayuda a tu compañero a relajarse para que se olvide de sus supuestas dotes, por ejemplo masturbándoos el uno al otro. Lo importante es hacerle «ver» lo que disfrutas, en sentido literal: muéstrale con tu cuerpo y con tus gestos cómo llegas tú al orgasmo. Cuando te contemple en ese estado maravilloso, se olvidará de sus «proezas» atléticas e intentará hacer lo que de verdad haga falta para que vuelvas a experimentarlo.

**Ménage à trois.** *«Mi novio me ha pedido que traiga a una amiga para que haga el amor con nosotros. La idea no me desagrada, pero tengo mis dudas. ¿Qué me recomiendas?»*

En las películas eróticas es muy frecuente ver a varios actores haciendo el amor juntos. Desde luego, la vida real no es una película, pero, ¿por qué no probar alguna vez? Lo esencial es que lo hagas sólo si estás convencida. Si lo haces por complacerle, pero a ti no te apetece nada, lo más probable es que la experiencia resulte un completo fracaso. Ahora bien, si, como dices, no te desagrada la idea, ¡olvídate de tus dudas! Jugar con dos cuerpos a la vez, en lugar del mismo de siempre, puede resultar de lo más excitante.

**Ridículo.** *«No lo puedo evitar. Cuando tengo la cabeza de mi pareja entre las piernas, me siento tan ridícula que me entra la risa y no consigo sentir nada.»*

La risa es una buena terapia para casi cualquier cosa, pero, ¿en esa situación? Realmente la posición tiene algo de extraña, sobre todo si él se está quedando calvo. Pero la solución no es difícil de encontrar. Concéntrate en tus sensaciones. Cógele la cabeza con las manos y marca el ritmo de sus movimientos. Al cabo de unos segundos, estarás tan a gusto que el temor al ridículo habrá desaparecido. Y si te entra la risa, será por otros motivos: hay orgasmos tan placenteros que es imposible no soltar una carcajada.

## No le voy a gustar

*«No me gusta hacer el amor con la luz encendida porque estoy segura que cuando me vea desnuda no le voy a gustar.»*

Como dije en el capítulo 2, una mujer casi nunca es fea para un hombre si está desnuda y quiere sexo. Están tan absortos en lo que les espera que no suelen fijarse en los detalles. Mientras te convences a ti misma, pon velas de colores y déjate algo de ropa sexy. ¿Qué tal quitarte toda la ropa pero dejarte puestas las medias, las ligas y los tacones? La imagen de tus braguitas deslizándose piernas abajo, mientras dejas al descubierto tus partes íntimas, le volverá loco de excitación... Y ¿por qué no? déjate puesto ese atuendo tan sexy mientras hacéis el amor. La escena se convertirá en material de primera para sus fantasías y recuerdos eróticos.

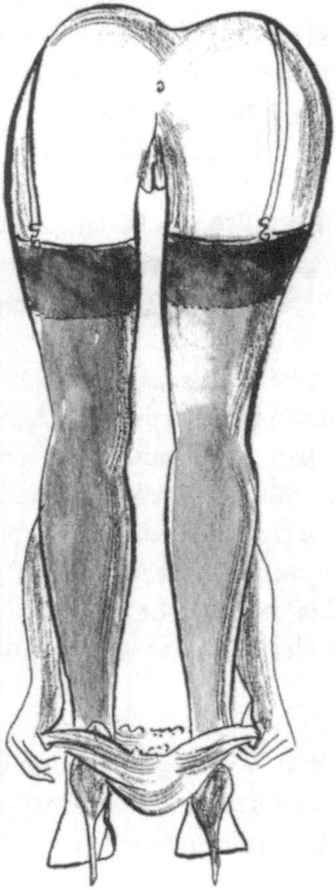

**Masturbación.** *«Me he masturbado desde muy joven y siempre me he sentido bien, pero me da la sensación de que a mi pareja actual no le hace gracia la idea. ¿Qué hago?, ¿lo dejo?»*

Espero que te estés refiriendo a dejar a tu pareja. La masturbación es algo perfectamente natural, placentero, conveniente y hasta saludable. Y nadie tiene derecho a inmiscuirse en asuntos tan personales. Lo ideal sería que trataras de persuadirlo de lo agradable que resulta masturbarse. Puedes probar masturbándolo tú a él, y enseñarle a que haga lo mismo contigo. Cuando vea tu cara de placer, sus escrúpulos desaparecerán.

**Ginecólogo.** *«Parece un poco estúpido, pero me da vergüenza ir al ginecólogo porque me parece que va notar que me masturbo.»*

¿Te has planteado alguna vez que a los ginecólogos les importa un bledo si te masturbas o no? Cuando vas al médico para hacerte una revisión o porque no te encuentras bien, esperas de él una solución o un remedio para tu situación. No que investigue cómo te tocas exactamente el clítoris. Pero, para que te quedes tranquila: no hay manera de que un ginecólogo sepa si te masturbas o no. A no ser que se lo digas tú.

## Algunas quejas

- *«¿Por qué hay que saber tantas cosas y hacer tanto esfuerzo para disfrutar con el sexo?, ¿no es algo natural?»*

  Nada te impide mantener relaciones sexuales sin saber absolutamente nada acerca de tus órganos genitales, ni de la importancia de la masturbación, o del papel que juega la fantasía... ¡Pero luego no te quejes si no llegas al orgasmo! Una amiga mía dice siempre que hacer el amor sin llegar al orgasmo *duele*. Quizá exagera un poco, pero si no sabes dónde está el clítoris, ni conoces los riesgos de la transmisión del sida, ni te interesas por sentirte atractiva y deseable para tu pareja, tus relaciones sexuales no tardarán en caer en la rutina, y tus orgasmos difícilmente llegarán con la rapidez e intensidad que desearías. ¡No seas perezosa! Lee al menos un libro sobre sexo al año, cuida tu aspecto, indaga en las sensaciones que te producen placer. Nunca es tarde para empezar. Tu sexualidad se enriquecerá, disfrutarás más de la vida y el mundo te parecerá un lugar mucho más hermoso. Serás mucho más feliz.

■ *«Yo nunca tengo fantasías mientras hago el amor con Carlos. Me parecería como una especie de infidelidad.»*

¿Te has planteado si tu pareja tiene fantasías con otras mujeres? ¿Has observado su expresión cuando ve a Sharon Stone quitándose la ropa en una película? ¿Te parece que en ese momento está pensando en la cuenta bancaria? ¿Es infiel por eso? ¡No te equivoques! La fidelidad es un asunto muy serio que cada pareja debe plantearse a su manera, pero desde luego, ¡no tiene nada que ver con las fantasías! Como dice el capítulo 5, el hecho de tener determinadas fantasías no significa que deseemos que se cumplan. Mi amiga Amelia, que acaba de cumplir cuarenta años, me lo contaba de la siguiente manera: «Cuando por fin comprendí la ayuda tan importante que las fantasías suponían para llegar al orgasmo, empecé a imaginarme muchas veces que practicaba el sexo anal, y eso me excitaba mucho. Una noche, Jesús y yo lo intentamos. ¡Y fue un desastre! No me gustó nada, era cualquier cosa menos sexy. Sin embargo, cuando hacemos el amor, sigo imaginándome escenas de sexo anal y me resultan muy excitantes».

■ *«Yo nunca llego al orgasmo con un hombre. Disfruto de los besos y las caricias, pero el clímax sólo lo alcanzo con la masturbación.»*

¡Ahora que has leído este libro, prepárate para llegar! Una mujer orgásmica, y tú lo eres, es orgásmica «siempre». ¿Los hombres se mueven demasiado rápido? ¿Se corren antes de que te dé tiempo a excitarte? ¿No te tocan en los lugares correctos? ¡Enséñales! Cuando estés con un hombre, muéstrale el camino, dile lo que te gusta, adopta la posición adecuada para que sus movimientos te estimulen allí donde te resulta más placentero, mastúrbate mientras él se mueve dentro de ti. Escucha lo que me contó Alejandro: «Cuando Marta y yo hacemos el amor y ella se coloca encima de mí, mis ojos disfrutan de todo su cuerpo. Puedo ver cómo mi pene entra en su vagina. Me encanta mirar el balanceo de sus pechos y recorrer su cuerpo con las manos. Le aprieto las nalgas, o le acaricio el vientre, o exploro su clítoris y siento en mis dedos el roce de mi pene en su vagina. Pero lo que de verdad me vuelve loco es la expresión de su cara cuando ella misma se acaricia y empieza a correrse».

■ *«Tuve un orgasmo la primera vez que hice el amor, pero luego sólo lo consigo de vez en cuando.»*

El orgasmo es parte de nuestra naturaleza. El sexo nos atrae de una manera tan intensa porque tenemos la expectativa de llegar a ese clímax de placer. Tú misma sabes lo que es, porque ya lo has sentido. ¿Qué ocurre entonces? ¿Por qué unas veces sí y otras no? Como en otras ocasiones, la clave es la información Si sabes exactamente qué ocurre en tu cuerpo cuando llegas al clímax, si conoces tus órganos sexuales y sus puntos más sensibles y te sientes dispuesta y confiada, los orgasmos se convertirán en algo habitual. Natalia, de 25 años, me lo resumió con estas palabras: «Tuve un orgasmo la primera vez que hice el amor con mi novio. No es extraño porque estuvimos cinco meses trabajándonos el asunto antes de tener una relación sexual completa. Estaba tan excitada que no tardé mucho en llegar al clímax. Sin embargo, las veces siguientes la cosa no resultó tan fácil. A veces llegaba y a veces no. Los dos nos planteamos la cuestión y empezamos a preguntar a los amigos y a leer libros sobre sexo. Nos enteramos de un montón de cosas de las que no teníamos ni idea. Ahora tratamos de hacer el amor cada vez que podemos, ¡porque los orgasmos están asegurados!».

- *«Hacer el amor no me resulta muy divertido, prefiero la masturbación. Cuando estoy con mi pareja no me atrevo a tomar la iniciativa porque pienso que a él le gusta más así.»*

¿Eres consciente de lo que te estás perdiendo? Muchas veces tenemos la idea de que a los hombres les gustan las mujeres recatadas y pasivas. Pensamos que así ellos se sienten más masculinos y disfrutan más del sexo. ¡Nada más lejos de la realidad! En el mundo actual, a los hombres les resultan atractivas las mujeres activas, que trabajan, que actúan, que saben lo que quieren. Escucha lo que me contó Ricardo, un amigo de 35 años: «Como la mayoría de los hombres, tengo fantasías con mujeres un poco agresivas sexualmente, pero la mayoría de las mujeres que conozco se muestran muy tímidas ante el sexo, no les gusta hablar del tema y a la hora de tener relaciones se contentan con tumbarse en la cama. En una época, pensaba incluso que a las mujeres no les gustaba realmente el sexo y lo practicaban sólo por complacer a los hombres. Después conocí a Fina, que adora el sexo. Y no sólo porque me quiere, sino porque disfruta tanto como yo. Es lo mejor que ha podido pasarme».

## Testimonios

Una de las cuestiones de más interés para las mujeres que mantienen una relación estable es mantener viva la atracción sexual. Como la experiencia siempre es la mejor maestra, he preguntado a todas las parejas felices que conozco dónde está el truco. Estas son algunas de sus respuestas:

- «Yo creo que le sigo gustando a Armando porque nunca le he preguntado si le gusto. Me siento atractiva, aunque él no me lo diga. Y eso hace que también me sienta segura. Trato de cuidarme y mantenerme en forma: hago ejercicio, controlo mi dieta, me arreglo para salir. Nunca le pregunto si quiere hacer el amor, porque, si yo le gusto y tengo ganas, ¿por qué no va a querer? Me parece obvio.»

Arantxa, 29 años

- «A mi marido y a mí nos encantan las sorpresas. Cuando menos se lo espera, llega del trabajo y me encuentra desnuda en el sofá del salón. ¿Dónde están los niños? —pregunta alarmado. Los he mandado a casa de mi hermana. Se acerca, y noto por su expresión que se ha dado cuenta de que el perfume que llevo no es el de siempre. Todavía no ha sido capaz de hablar y ya empieza a dar síntomas de estar excitado. Entonces comienzo a desnudarlo despacio, empezando por los pantalones. Antes de tocarle el sexo, le desabrocho la camisa. Lo que ocurre después depende del momento, y lo mejor del asunto es que nunca sabemos quién va a sorprender a quién. A veces la sorpresa tarda semanas en llegar, y otras sucede varios días seguidos. Los dos nos mantenemos alerta, sabemos que, en cualquier momento, podemos acabar follando como locos.»

Consuelo, 43 años

- «Javier y yo llevamos más de diez años viviendo juntos. Al principio todo era maravilloso, pero con el tiempo nuestras relaciones sexuales se fueron enfriando. No es que no tuviera orgasmos, sino que los dos mostrábamos menos interés. Llegué a preocuparme, porque temía que hacer el amor se convirtiera en algo así como un trámite. Entonces una amiga me prestó un libro sobre el sexo tántrico. ¡Qué descubrimiento! Lo comenté con Javier que, al principio, se mostró un poco escéptico. Pero un día lo convencí y probamos. ¡Uauh! Los dos allí, uno frente al otro, desnudos, tratando de no pensar en el sexo y acariciándonos a la luz de las velas... ¡Fascinante! Desde entonces, cuando pienso en trámites sólo me acuerdo de los del banco. El sexo llena ahora nuestra vida incluso más que cuando nos conocimos.»

Irene, 38 años

«Nosotros utilizamos la técnica de 'la noche ideal'. Tenemos relaciones normales cada vez que nos apetece, pero cada semana uno de los dos, por riguroso turno, propone una noche ideal. No tiene por qué ser un día fijo. Más bien depende de la inspiración. ¿En qué consiste? Pues ahí está el truco. El responsable de esa semana propone cualquier cosa que se le ocurra y el otro tiene que prestarse. La única condición es no hacernos daño. Me da un poco de vergüenza confesarlo, pero he descubierto cosas que si me las cuentan, no me las creo. ¡Nunca me pude figurar que el sexo anal fuera tan excitante! O que José Luis disfrutara de esa forma cuando le ato las manos a la espalda. Un día apareció con un vibrador, y desde entonces forma parte habitual de nuestros juegos. ¡Es impagable!»

Nazareth, 31 años

# ¿Y ahora qué?

Si has leído el libro con atención y has seguido mis consejos, estoy segura de que has conseguido orgasmos más fáciles, largos e intensos que antes. Sin embargo, tanto si tienes una pareja estable como si mantienes relaciones ocasionales, la vida nunca deja de ofrecer nuevos estímulos para disfrutar plenamente de tu sexualidad, y también nuevas dificultades.

**Destierra la rutina.** Ya sé que llegas cansada del trabajo y tienes que arreglar la casa y tal vez cuidar de los niños. Pero si te dejas vencer por la rutina, y no sales de ver la televisión e irte pronto a dormir, la vida acabará pareciéndote monótona.

¿Por que habría de ser distinto con el sexo? Si lo haces siempre en la misma postura, a la misma hora y en el mismo sitio, aunque todo funcione más o menos bien, tarde o temprano te aburrirás. ¿No introduces pequeños cambios en tu trabajo para hacerlo más llevadero? ¿No cambias de lugar los muebles de vez en cuando para darle otro aire a tu casa? ¿Por qué entonces no con el sexo? Al fin y al cabo, es el camino más placentero hacia la felicidad. Repasa las sugerencias que aparecen en el capítulo 8. Aquí van unas cuántas más:

- **Siéntate desnuda** con tu compañero en la alfombra del salón frente a un plato de langostinos pelados o de almejas y daos de comer el uno al otro.

- **Cómprate un vibrador** y utilízalo con tu pareja el próximo lunes. ¡Sí, sólo vale si es el lunes!

- **Propónle un paseo por el campo.** Ese día viste una falda larga y no te pongas ropa interior. Cuando estéis en un lugar apartado pídele que se tumbe en la hierba, ábrele la bragueta y sin quitaros la ropa, siéntate sobre su pene e introdúcetelo delicadamente. Será muy excitante hacer el amor en plena naturaleza... Además, si alguien os sorprende podéis hacer ver que sólo estáis escuchando el sonido de los pajaritos.

- **La próxima vez que vayáis de vacaciones,** daos un baño al atardecer. Empieza a acariciarlo dentro del agua. ¡Fíjate que sea en un lugar donde alguno haga pie!

**Haz un esfuerzo.** Disfrutar del sexo exige tiempo y atención. Y además de que no se nace sabiendo, siempre es posible aprender más. Lee con tu pareja libros sobre sexo. O léelos tú y coméntale tus descubrimientos. Ojea revistas, ve películas. No se trata de que lo hagas todos los días. ¿Quién tiene tiempo para eso? Pero, de vez en cuando, date el gusto de buscar ese artículo del que te hablaron o alquilar esa película en el videoclub. El esfuerzo no será en vano.

**¡Siéntete guapa!.** Recuerda que eres atractiva. Y no esperes hasta que te lo diga tu pareja. Haz un poco de ejercicio, vigila las calorías, fíjate en que la falda se ajuste bien a las caderas y ve a cortarte el pelo... ¡Siéntete guapa! Eres un ser orgásmico y seguirás siéndolo mientras quieras. Uno de mis sobrinos me confesó que una vez sorprendió a su abuela masturbándose y se quedó de piedra. Pero, ¿por qué no? La sexualidad no tiene edad, y tampoco la belleza. No es cuestión de opiniones, sino de actitud. ¡Si te gustas a ti misma, le gustarás a los demás!

**Un tiempo precioso.** En la actualidad vivimos en un mundo de prisas y estrés en el que parece que nunca hay tiempo para nada. Sin embargo, si te detienes un momento, verás que en realidad pierdes tiempo en actividades que no te interesan o no te satisfacen. El sexo merece que le dediques una parte de ese tiempo precioso. Y no hace falta ir muy lejos para encontrar motivaciones. ¿Acaso hay algo que te haga sentir más sana y saludable que un orgasmo? En el autobús, en el trabajo, a solas en casa, en esos breves momentos de ocio que a menudo desperdicias, piensa en el sexo. Imagina, fantasea, ejercita tus músculos vaginales.... Quizá no tengas que esperar a irte a la cama para disfrutar una vez más.

# Glosario

**Amenorrea.** Ausencia de menstruación.

**Anillo vaginal.** anillo de plástico transparente que se coloca en la vagina y sirve como método de anticoncepción hormonal.

**Anovulatorio.** Sustancia que impide la ovulación y, por tanto, el embarazo.

**Anticoncepción.** Todos los métodos que se utilizan para evitar el embarazo.

**Bisexual.** Persona que mantiene relaciones sexuales con personas de ambos sexos

**Bolas chinas.** Bolas de metal o látex que se introducen en la vagina para tonificar los músculos y producir excitación.

**Ciclo menstrual.** Periodo de tiempo que va desde el primer día de la regla hasta el primer día de la siguiente regla. Su duración varía de una mujer a otra, pero siempre gira en torno a los 28 días.

**Cistitis.** Infección de la vejiga que produce irritación y dolor al orinar

**Clítoris.** Órgano genital fundamental en la sexualidad femenina. Se encuentra ubicado por encima de la uretra u orificio por donde se expulsa la orina y está cubierto por una especie de capuchón. Es eréctil al igual que el pene del hombre.

**Coito.** Relación sexual que incluye la penetración.

***Coitus interruptus.*** Expresión latina que se utiliza para designar un falso método anticonceptivo que consiste en retirar el pene de la vagina antes de que produzca la eyaculación.

**Condón.** También denominado preservativo. Anticonceptivo con forma de globo. Generalmente es de látex y se adapta a la forma del pene. Impide que los espermatozoides lleguen hasta el cuello del útero. Existen también condones femeninos, aunque se trata de un método más reciente y menos difundido.

**Cuello del útero.** Parte del útero que comunica con la vagina.

**Cunnilingus.** Expresión latina que se utiliza para designar la estimulación de los genitales femeninos con la boca.

**Chancro.** Especie de llaga dura e indolora que, provocada por la sífilis, aparece en la vagina, el ano o la boca.

**Deseo sexual.** También llamado libido. Impulso que nos lleva a desear mantener relaciones sexuales con otra persona.

**Diafragma.** Anticonceptivo «de barrera», que impide a los espermatozoides llegar al útero. La primera vez debe colocarlo un ginecólogo en el interior de la vagina. Debe colocarse con precisión dos horas antes de la relación sexual, y se retira luego.

**Días fértiles.** Periodo de tiempo en se produce la ovulación de la mujer y el embarazo es, por tanto, probable. Comprende los días 10 a 18 del ciclo.

**DIU (dispositivo intrauterino).** Anticonceptivo consistente en una pequeña pieza de plástico que el ginecólogo coloca en el interior del útero por un período de 5 a 10 años.

**Embarazo.** Implantación de un óvulo fecundado por un espermatozoide en el endometrio situado en las paredes del útero.

**Embrión.** Nombre que se da al óvulo fecundado durante los tres primeros meses del embarazo.

**Endometrio.** Tejido de las paredes del útero donde se implanta el óvulo fecundado. Todos los meses, si no hay embarazo, se desprende junto con otras sustancias y se expulsa por la vagina. Esa expulsión es lo que se suele llamar menstruación o regla.

**Enfermedad de transmisión sexual (ETS).** Enfermedad que se transmite a través del contacto sexual. No es necesario que se produzca penetración pues también puede transmitirse por medio del sexo oral.

**Erección.** Endurecimiento y aumento de tamaño del pene o del clítoris. Se produce por la mayor afluencia de sangre a esas zonas durante la excitación sexual.

**Escroto.** Especie de bolsa de piel que contiene los testículos.

**Esperma.** (Ver semen).

**Espermatozoide.** Célula sexual masculina. Es producida por los testículos. Viaja en el semen a través de la vagina y el cuello del útero para fecundar el óvulo.

**Espermicidas.** Sustancias que eliminan a los espermatozoides. Suelen usarse bajo la forma de gel o jalea como complemento de otros anticonceptivos.

**ETS.** (Ver enfermedad de transmisión sexual)

**Eyaculación.** Expulsión del líquido seminal o esperma a través del pene.

**Eyaculación precoz.** La eyaculación que se produce antes del momento deseado.

**Fecundación.** Unión de un espermatozoide y un óvulo.

**Felación.** Estimulación del pene con la boca.

**Feto.** nombre que recibe el embrión a partir del tercer mes del embarazo.

**Flujo vaginal.** Sustancia lubricante y protectora segregada en la vagina.

**Genitales.** Conjunto de órganos que intervienen en las relaciones sexuales y en la reproducción.

**Glande.** Punta del pene.

**Herpes genital.** ETS que provoca la inflamación de los órganos genitales y produce dolor durante la relación sexual.

**Himen.** Membrana que protege parcialmente la entrada a la vagina. Comúnmente denominado virgo.

**Hormona.** Sustancia química que regula el funcionamiento de los órganos y el cuerpo en general.

**Implante hormonal.** implante subcutáneo que segrega hormonas que inhiben el embarazo. Su colocación dura cinco años.

**Inyección anticonceptiva.** (Ver anovulatorio) Anticonceptivo anovulatorio que consiste en el suministro de gran cantidad de hormonas. Se aplica cada dos meses aproximadamente. Puede tener efectos secundarios.

**Labios mayores.** También llamados exteriores. Son pliegues de la piel que envuelven la vulva para protegerla.

**Labios menores.** Pliegues de la piel que protegen la vagina, la uretra y el clítoris. Se encuentran debajo de los labios mayores y se denominan también labios internos.

**Látex.** material cada vez más utilizado para fabricar muchos utensilios relacionados con el sexo: preservativos, bolas chinas, conos anales...

**Libido.** (Ver deseo sexual).

**Ligadura de trompas.** Método anticonceptivo radical y definitivo. Consiste en cortar las trompas para evitar que el óvulo pueda encontrarse con el espermatozoide, impidiendo así la fecundación y el embarazo.

**Marcha atrás.** (Ver *coitus interruptus*).

**Masturbación.** Autoestimulación de los órganos sexuales para tener un orgasmo. Suele realizarse con la mano pero pueden utilizarse objetos diversos.

**Matriz.** Órgano genital femenino donde se desarrolla el embarazo. En sus paredes se encuentra el endometrio, que es donde se fijará el óvulo una vez fecundado.

**Menstruación.** Flujo de sangre que se expulsa por la vagina. Se produce una vez al mes y se debe al desprendimiento del endometrio y otras sustancias de las paredes del útero, si el embarazo no ha tenido lugar.

**Meseta.** Una de las fases del orgasmo.

**Monte de Venus.** Zona genital femenina que se encuentra cubierta de vello.

**Ogino.** Método anticonceptivo que recibe el nombre de su descubridor. Está relacionado con la temperatura de la vagina y resulta escasamente fiable.

**Ovarios.** Glándulas sexuales femeninas que producen los óvulos. Se encuentran a los lados del útero al que se unen a través de las trompas de Falopio.

**Ovulación.** Proceso de formación y desprendimiento del óvulo que desde el ovario se dirige hacia el útero por las trompas de Falopio. Coincide con los días de máxima fertilidad de la mujer.

**Óvulo.** Célula sexual femenina.

**Parche.** Pequeños cuadrados adhesivos que se pegan a la piel y actúan como métodos anticonceptivos, liberando hormonas que se absorben por la epidermis y pasan a la sangre.

**Pelvis.** Zona del cuerpo situada en la parte inferior del abdomen.

**Pene.** Órgano genital masculino. Se compone de cuerpo y glande. En estado de reposo es fláccido y flexible. Cuando entra en erección debido a la excitación sexual aumenta de tamaño y se pone rígido.

**Píldora anticonceptiva.** Anticonceptivo hormonal muy fiable pero que requiere constancia y memoria, pues debe tomarse cada día durante un periodo de 21 días.

**Píldora postcoital.** También llamada «píldora del día después». Se trata de un compuesto hormonal que se administra después de una relación sexual de riesgo. Debe tomarse dentro de las 72 horas siguientes a la relación y utilizarse sólo en casos de emergencia.

**Preservativo.** (Ver condón).

**Punto G.** Especie de lunar grande o protuberancia situado en la pared anterior de la vagina, a unos dos o tres centímetros de la entrada. Es extremadamente sensible y su estimulación va acompañada de una gran excitación sexual.

**Regla.** (Ver menstruación)

**Semen.** Líquido blanquecino de consistencia lechosa en el que viajan los espermatozoides. Es segregado por los testículos.

**Sida.** Es el acrónimo de síndrome de inmunodeficiencia adquirida. ETS que provoca el progresivo debilitamiento del sistema de defensas del cuerpo. Las siglas en inglés son AIDS, y es así como se encuentra en numerosos lugares, sobre todo en Internet.

**Sífilis.** ETS prácticamente erradicada en la actualidad, aunque muy grave y extendida en el pasado. Hoy se cura fácilmente con penicilina. El primer síntoma es la aparición de una llaga (ver chancro) en la vagina, el ano o la boca.

**Síndrome premenstrual.** Ligeras alteraciones psíquicas y físicas que se producen en algunas mujeres en los días previos a la menstruación.

**Testículos.** Glándulas masculinas que producen los espermatozoides.

**Transexual.** Persona que se siente perteneciente al sexo opuesto.

**Travesti.** Persona que se viste con ropas del sexo opuesto.

**Trompas de Falopio.** Conductos que comunican los ovarios con el útero o matriz. Por ellas viaja el óvulo, y en ellas se produce la fecundación.

**Uretra.** Conducto que une la vejiga urinaria con el exterior. Se utiliza para expulsar la orina, y, en el caso de los hombres, también para expulsar el semen.

**Útero.** (Ver matriz).

**Vagina.** Conducto que une la vulva con el útero. En ella se introduce el pene durante el coito.

**Vasectomía.** Método anticonceptivo radical que consiste en una intervención quirúrgica para evitar que el semen contenga espermatozoides.

**Vulva.** Órgano sexual de la mujer que incluye: el monte de Venus, los labios mayores y menores, el clítoris, y la punta de la uretra de la mujer.